自然災害発生！
建物賃貸管理・マンション管理
緊急時の対応 Q&A

弁護士 ◆ 佐藤 貴美 著

大成出版社

はじめに

1　本書の趣旨と今後の展開

　先般発生した東日本大震災は、自然災害の猛威を改めて認識させられました。被災の状況及びその後の復旧作業の状況などを見るにつけ、被災された方々のご苦労ご心痛はいかばかりかと心よりお見舞い申し上げます。

　とりわけ住宅問題は、被災者を含め国民生活の基盤であり、早急なる対応が求められるところです。特別立法や新たな施策が、政府において今後すみやかに実施されることが強く期待されるところですが、その成立や実施を待つ間にも、様々な問題が生じうるところであり、賃貸住宅等をめぐっては、実際に、筆者のもとにも本書で取り上げた質問などが寄せられているところです。

　本書では、特別立法等がいまだ存在しない現状において、現行法制度のもとで、筆者の専門分野である不動産賃貸借やマンション管理において、自然災害等により被災した場合の取扱いにつき、実際に質問のあった内容を中心に回答を検討いたしました。また、本書の内容は、東日本大震災に限らず、近い将来発生しうる様々な自然災害への備えとしても、一定の役割は果たせるのではないかと考えます。したがって、各設問では、今回の大震災に限らず、自然災害一般のケースを想定しつつ、内容を整理していることをご了承ください。

　また、自然災害やその後の復旧復興との関係では、住宅分野のみに限っても、建築制限等の問題や土地利用の関係など、様々な分野からの専門的知見が求められます。被災された方々との関係では、医療や福祉、就労の問題、物流の問題、財産権の問題など、さらに様々な取組みや整理が必要とされるところですが、それぞれの分野については筆者の能力を超えるところであり、今回はあくまでも不動産賃貸借とマンション管理の分野に限っての内容となることもご了承いただきたく存じます。

　さらに、限られた時間の中での作成であったことから、必ずしも内容が

十分ではないところもあるものと存じます。今後、新たな政府の施策が進められるようになり、特別立法等ができれば、改めて当該内容を補足追加する機会も予定されていることを申し添えます。

※　私事ながら、筆者の出身地の宮城県も東日本大震災で被災しました。直接被災したところのみならず、その周辺エリアにおいても、いまだ居住環境、生活環境は不十分な状態が続いています。本書が、生活の場として一定のウエイトを占める賃貸住宅やマンションについて、安心安全な居住・利用環境の回復・復旧等において、何らかの役割を果たせればと強く思うところです。

2　自然災害と賃貸借・マンション管理の基本的考え方

(1)　自然災害と賃貸借

　自然災害が発生した場合の建物賃貸借関係については、大きく、契約の存続の問題（契約が当然に終了するのか、解約や解除ができるのかなど）、契約条件の問題（被災した物件の家賃等の問題）、事故が生じた場合の責任の問題（隣家や借主への被害、二次災害が生じた場合の責任など）、新たな賃貸借契約の問題（契約形態、重要事項説明で被災したことをどのように扱うべきかなど）などに分けられます。

　いずれも、基本的には、民法、借地借家法などの賃貸借関係の法令がそのまま適用されることになりますが、その解釈適用に当たっては、双方の事情を十分に勘案して、当事者間の信頼関係・信義則の面をより一層考慮しながら対応することが望まれます。

　また、現行法制度の中にも、大規模自然災害などの場合に適用が予定される法律として、罹災都市借地借家臨時処理法があります。ただし、政令により、個別の災害が、当該法律の適用対象となる旨が指定されなければなりませんので、必ずしも自然災害すべてに適用されるわけではありません。しかし、必要に応じて罹災都市借地借家臨時処理法も参照しておくべきと考え、本書でも関連個所で取り上げるとともに、巻末に参考資料として掲載しています。

(2) 自然災害とマンション管理

　自然災害が発生した場合のマンション管理の問題としては、建物等が破損した場合の復旧や再建の手続きの問題、建物等の破損によって他人の財産に被害が生じた場合の責任の問題、点検の実施等に係る問題などがあります。また、災害とは直接関係がなかったマンションにおいても、防災活動への取組みについて再検討することが期待されます。

　また、現行法制度の中にも、大規模自然災害などの場合に適用が予定される法律として、被災区分所有建物の再建等に関する特別措置法（被災マンション法）があります。ただし、政令により、個別の災害が、当該法律の適用対象となる旨が指定されなければなりませんので、必ずしも自然災害すべてに適用されるわけではありません。しかし、必要に応じて被災区分所有法も参照しておくべきと考え、本書でも関連個所で取り上げるとともに、巻末に参考資料として掲載しています。

平成23年6月

弁護士　佐藤　貴美

目　次

はじめに

第1部　自然災害（震災）と賃貸借契約Q＆A

第1　契約締結

Q-1　自然災害によって被害を受けた物件を賃貸する場合、重要事項説明ではどのような点に触れることが必要ですか……… 3

Q-2　自然災害によって建物の安全性に懸念が生じているような物件でしたが、借り希望者から、「住める状態であれば貸してほしい」との依頼がありました。このような物件でも新たに賃貸借することは可能でしょうか。また、その場合の契約条件や、二次災害が生じたときの責任はどのようになるのか、教えてください………………………………… 5

Q-3　自然災害があった地域内の物件ですが、その物件自体に損傷等はありませんでしたが、借主予定者から、入居前に、契約解消の申出がありました。この場合、借主予定者に対し何らかの金銭補償を求めることは可能でしょうか…………… 7

Q-4　契約済みの物件ですが、自然災害で建物が一部損壊しました。修繕・復旧作業を進めていますが、完成までには時間がかかり、その結果、新たな借主の入居が遅れています。この場合、貸主として、新たな借主に対し何らかの責任を負うことになるのでしょうか………………………… 9

Q-5　新たな借主との間で契約済みの物件について、現在の入居者（契約終了済み、明渡し日も合意のうえ特定済み）が、転居予定の物件が被災したため転居できなくなりました。この場合、どちらの借主との契約を優先すべきでしょうか……10

目次　i

第2 契約期間中

Q-1 自然災害によって破損した物件（住むことは可能）について、修繕を予定していますが、ある程度先になることが見込まれています。この場合、修繕が終了するまでの間、家賃はどのようにすればよいでしょうか……………………11

Q-2 自然災害によって、店舗利用目的での賃貸借における借主が、店舗が再開できるまでは賃料を支払わないと主張しています。この場合、どのように考えるべきでしょうか………12

Q-3 建物自体に問題はありませんでしたが、水道、ガス等のライフラインが使えない状態が継続している場合、その間の賃料は減額する必要がありますか。また、営業ができないことに対する営業補償まで負担しなければならないのでしょうか……………………………………………………………13

Q-4 自然災害によって職を失い収入を得ることが困難となり、4か月間家賃の支払いがなかった借主との間の賃貸借契約について、賃料の不払いを理由として解除することはできるのでしょうか………………………………………………15

Q-5 自然災害によって建物が破損し、それに伴って、借主が物件の引渡し後に設置した設備も破損しました。その設備の修繕費用は、貸主・借主のいずれが負担しなければならないのでしょうか。なお、契約書には「不可抗力による損害については貸主は責任を負わない」旨規定されています……16

Q-6 自然災害によって建物が破損し、建物の維持保全に必要な修繕工事を実施するために物件内に立ち入る必要があります。しかし、借主に立入りの承諾をもらおうと連絡をしましたが、拒否されました。この場合の対応について教えてください。また、借主と連絡がとれない場合はどうしたらよいでしょうか………………………………………………19

Q-7 自然災害によって建物に取り付けてあった看板が落下し、

　　　　それによって歩行者（第三者）が負傷した場合、建物所有
　　　　者である貸主は当該損害について責任を負うのでしょうか……21

Q－8　自然災害によって屋根瓦が破損し飛ばされ、それが敷地
　　　　内駐車場内の借主所有の自動車にあたって、当該自動車が
　　　　破損しました。この場合、当該自動車の補修費用は貸主・
　　　　借主のどちらが負担するのでしょうか。また、自動車が借
　　　　主のところを訪れていた第三者の所有であった場合につい
　　　　ても教えてください……………………………………………23

Q－9　自然災害によって建物が破損し、修繕工事に時間がか
　　　　かっています。その間、貸主は借主に対し仮住まいの提供
　　　　をしなければならないのでしょうか………………………25

Q－10　自然災害によって建物が破損し、修繕工事に時間がか
　　　　かっています。その間テナントが営業できない状態となっ
　　　　てしまうため、この間の営業補償金を求められていますが、
　　　　対応しなければならないのでしょうか……………………27

Q－11　自然災害後も居住を継続していた物件において、さらな
　　　　る余震等によって建物が破損し、借主が負傷しました。こ
　　　　の場合、貸主に責任が生じるのでしょうか………………29

Q－12　自然災害によって建物が損傷し、相当程度修繕工事を施
　　　　せば居住・利用は一応可能ですが、建替えをした方がコス
　　　　ト的にも低くなる場合、賃貸借契約の解約を申し入れるこ
　　　　とはできますか………………………………………………31

Q－13　自然災害があった地域内の物件ですが、その物件自体は
　　　　何ら損傷がなかったにもかかわらず、貸主から契約の解約
　　　　の申し入れがありました。借主はこれに応じなければなら
　　　　ないのでしょうか……………………………………………32

Q－14　自然災害があった地域内の物件ですが、その物件自体は
　　　　何ら損傷がなかったにもかかわらず、借主から契約の解約
　　　　の申し入れがありました。契約書では期間内解約の場合に
　　　　は一定の額の違約金が発生することを取り決めています。

しかし借主は、自然災害等やむを得ない事情によって契約
　　　を解約するのであるから、当該違約金は生じないと主張し
　　　ています。これをどのように考えるべきでしょうか。また、
　　　物件に損傷は生じたが直ちに修繕工事等を行い1週間後に
　　　は従前の状況に戻っている場合にはどうかについても教え
　　　てください……………………………………………………34

Q-15　自然災害によって連帯保証人が不在となってしまった場
　　　合、新たに連帯保証人を付けるよう要請することはできま
　　　すか。また、新たな連帯保証人がいない場合、契約を解除
　　　することはできるのでしょうか……………………………36

Q-16　まもなく契約期間の満了を迎える物件についてですが、
　　　自然災害によって物件が損傷しました。建物自体は一応居
　　　住することが可能ですが、修繕をするには建替え以上にコ
　　　ストがかかります。この場合、借主側から更新したい旨の
　　　申出があっても、更新を拒否することができますか………38

Q-17　借主側から期間満了の1か月前までに契約終了の申出が
　　　ない場合には契約は更新されるとする自動更新条項が定め
　　　られている賃貸借契約についての質問です。契約期間満了
　　　の1か月前を迎える直前に自然災害が発生し、当該時期は
　　　なかなか連絡がとれなかったという事情がありましたが、
　　　所定の期間までに何ら申出がなかったとして、契約書に従
　　　い自動更新されたと扱ってよいでしょうか…………………40

第3　契約終了

Q-1　自然災害によって建物が全壊または半壊し、客観的にも
　　　居住ができない状態になってしまいました。この場合、契
　　　約はどうなるのでしょうか。また、借主は新たな物件を探
　　　し移転するための費用を貸主に請求することができますか……41

Q-2　自然災害によって建物が全壊または半壊したことで、貸
　　　主側が建替えを予定している場合、従前の物件を借りてい

     た借主は、建替え後の物件についても他の者に優先して借
     りることができるのでしょうか……………………………………42
Q－3　自然災害によって建物が全壊または半壊したことで、貸
     主側が建替えを予定している場合、従前の物件を借りてい
     た借主が、建替え後の物件を賃借する際の賃貸条件は、従
     前の契約条件と同じになるのでしょうか………………………44
Q－4　借主が自然災害時を境に不在となり、連絡がとれない状
     態にある場合、賃貸借契約はどのように扱えばよいので
     しょうか……………………………………………………………45
Q－5　契約が終了となり、借主が任意に物件を明渡しましたが、
     自然災害によって損傷した内装や備え付けの備品等につい
     ての原状回復義務は貸主・借主のどちらが負うのでしょう
     か……………………………………………………………………47
Q－6　賃貸借契約は終了することとなりましたが、借主が保有
     していた物品等が物件内に多数残っています。自然災害を
     境に借主とは連絡がとれなくなっていますが、この残置物
     を処分してよいのでしょうか……………………………………49
Q－7　契約が終了し明渡しも完了しましたが、自然災害により
     ＡＴＭが故障したことによって、敷金の返還が約束よりも
     数日遅れてしまいました。この場合、貸主に遅延損害金が
     発生するのでしょうか。また、敷金の返還の遅れが、借主
     側の事情による場合はどうでしょうか…………………………51

第4　管理業者の対応

Q－1　管理業務の一環として賃料の収納代行業務を行っていま
     すが、自然災害により貸主に相続が発生してしまいました。
     まだ遺産分割協議は行われておらず、遺言もありません。
     この場合、預かった賃料や敷金はどのように扱えばよいの
     でしょうか。また、今後の賃貸借契約において貸主との関
     係はどうなりますか………………………………………………53

Q-2 管理委託契約の委託者である貸主に相続が発生してしまいました。まだ遺産分割協議は行われておらず、遺言もありません。この場合、管理委託契約はどのように扱えばよいのでしょうか。また、管理委託契約が終了する場合にはどのような事務が必要となりますか……………………55

Q-3 ひとつの物件のみを管理の対象とする管理委託契約を締結していたところ、その対象物件が自然災害によって滅失してしまいました。この場合、管理委託契約関係はどのように扱われますか……………………………………………………57

Q-4 自然災害によって屋根瓦が破損し飛ばされ、それが敷地内駐車場内の借主所有の自動車にあたって、当該自動車が破損しました。この場合、管理業者に責任が生じることがありますか……………………………………………………59

第5 被災者等支援のために行う賃貸借

Q-1 被災した者に対し一定の期間、無償で住宅を提供することを予定しています。この場合、どのような契約形態にすればよいでしょうか……………………………………………61

Q-2 被災した者に対し、住宅を賃貸することを予定しています。賃料については、一定期間は無償とするが、その後は通常の賃料の支払いを求めるという契約条件にしたいと考えています。この場合、契約でどのような取決めをすればよいでしょうか。また、一定期間は低額の賃料とする場合はどうでしょうか……………………………………………63

Q-3 被災した者に対し住宅を賃貸することを予定していますが、敷金やその他の一時金の授受を取決めることはできますか。また、契約時の負担をおさえるため、一定期間経過後に敷金その他の一時金を入れてもらうようにする契約は可能でしょうか……………………………………………65

Q-4 借り希望者が、住民票など必要書面が用意できない場合

であっても、契約を締結することはできますか……………………67

Q-5 持ち家が自然災害により損傷し、修繕等が必要となったため、当該修繕工事の間など一時的な仮住まいが必要となった者に対し物件を貸すことを予定しています。ただし、あくまでも仮住まいとしての提供であって、修繕工事等が終了するなどの期限の到来により契約が確実に終了することとしたいと考えています。この場合、どのような契約形態にすればよいでしょうか……………………………………69

Q-6 ひとつの物件について、複数の者（世帯）の住居として賃貸する場合、どのような契約形態にすればよいでしょうか……………………………………………………………………71

Q-7 すでに賃貸借中の物件に、貸主の承諾を得て、その借主の友人が自然災害のあった地域から避難して同居をしています。この場合、賃貸借契約上、あるいは管理上で、何か特別な対応をする必要がありますか………………………74

第2部　自然災害（震災）とマンション管理Q＆A

Q-1 自然災害によって大規模滅失（建物の価額の2分の1を超える部分が滅失）したマンションについて、復旧工事を行う場合、どのような手続きが必要となりますか……………79

Q-2 自然災害によって大規模滅失（建物の価額の2分の1を超える部分が滅失）したマンションについて、復旧の決議がなされましたが、決議に賛成しなかった者にはどのような保護が与えられますか………………………………………81

Q-3 自然災害によって小規模滅失（建物の価額の2分の1以下の部分が滅失）したマンションについて、復旧工事を行う場合、どのような手続きが必要となりますか……………83

Q-4 自然災害によって全壊したマンションについて、再建の決議をする場合、どのような手続きが必要となりますか………85

目次　vii

Q－5　被災区分所有法の適用がある自然災害によって全壊した
　　　マンションについて、再建の決議をする場合の具体的な手
　　　続きはどのようになりますか……………………………………87

Q－6　自然災害のために共用部分に損傷が生じた場合、その修
　　　繕は管理組合が行うのでしょうか。また、その費用はどこ
　　　から拠出するのでしょうか……………………………………89

Q－7　自然災害のために、住戸部分や、バルコニーなどが損傷
　　　しました。この場合、その修繕は誰の負担で行うのでしょ
　　　うか。また、この際にサッシ等をより防犯性などの高いも
　　　のに付け替える場合には、区分所有者が単独で行うことが
　　　できますか………………………………………………………91

Q－8　自然災害によってマンションの外壁の一部が剝離落下し
　　　て、駐車してあった自動車が損傷した場合、管理組合とし
　　　て責任を負うのでしょうか……………………………………93

Q－9　自然災害によって漏水事故が発生し、いくつかの専有部
　　　分に水が漏れて多大な損害が生じました。調査をした結果、
　　　排水管のたて管が老朽化し、腐食なども見られ、その点と
　　　自然災害とがあいまって、漏水したものと考えられます。
　　　この場合、管理組合や管理会社には、当該損害に対する責
　　　任が生じるのですか……………………………………………95

Q－10　自然災害で建物が損傷しましたが、以前からも建物等に
　　　ひび（クラック）などが見られ、建物の構造等にも何か問
　　　題があるのではないかという懸念があります。この場合、
　　　設計・施工会社に対し何らかの法的責任を問うことはでき
　　　るのでしょうか…………………………………………………97

Q－11　自然災害があったため、建物全体の保全状況等を確認す
　　　る調査を行う予定です。当該調査の実施に当たっては専有
　　　部分内に立ち入ることが必要となりますが、一部にその立
　　　入りに応じない組合員がいます。どのように対応すべきで
　　　しょうか…………………………………………………………99

Q-12 自然災害によってエレベーター等の共用設備に支障をきたしているとして、一部の区分所有者が管理費等の支払いを一部拒否しています。このような主張は認められるのでしょうか …………………………………………………………… 101

Q-13 自然災害により不幸にも区分所有者が亡くなった場合、その区分所有権はどうなりますか。区分所有者に管理費等の滞納があった場合は、どのように取り扱われますか ……… 103

Q-14 自然災害によって駐車場としていた敷地部分や施設に損傷が生じ、駐車場としての使用が将来的にもできなくなった場合、その駐車場使用契約や駐車場使用料はどのようになりますか ……………………………………………………… 105

Q-15 自然災害により、一部建物等が損傷しました。当面は問題がないので、計画修繕時にあわせて修繕するとともに、計画修繕ではより一層防災機能を高めるような修繕工事を行おうとの要請が高まっています。そうなると今ある修繕計画を見直す必要がありますが、その際にはどのような手続きが必要ですか。また、あわせて修繕積立金を値上げする場合はどうですか ……………………………………… 107

Q-16 管理組合は、防災対策をどのように取り組むことが望ましいでしょうか ……………………………………………… 109

Q-17 自然災害時の対応について、何か参考になるものはありますか。また、災害対応マニュアルなどを作成する際にはどのような点に注意する必要がありますか …………… 114

Q-18 自然災害に備え、非常用の水や食料などを備蓄することを検討していますが、備蓄の際に注意すべき点としてどのようなことがありますか ………………………………… 116

Q-19 通常のケースでは管理会社などが対応するとされる問題についても、大規模自然災害の場合には直ちに管理会社や公的機関が対応できないことがあるようです。管理組合としては、そのような場合に備え、どのような体制を作って

目 次 ix

　　　　おくべきでしょうか …………………………………………118
　Q－20　自然災害への対応として日ごろからマンション内でのコ
　　　　ミュニティ形成が重要であるといわれることがありますが、
　　　　管理組合の費用でもって行うコミュニティ形成活動にはど
　　　　のようなものがあるのでしょうか ………………………121

参考資料

○罹災都市借地借家臨時処理法（昭和21年8月27日法律第13号）………125
　　最終改正　平成16年12月1日　法律第147号
○被災区分所有建物の再建等に関する特別措置法（平成7年3月24
　日法律第43号）……………………………………………………132
　　最終改正　平成14年12月11日　法律第140号

第1部

自然災害(震災)と賃貸借契約 Q&A

第1　契約締結
第2　契約期間中
第3　契約終了
第4　管理業者の対応
第5　被災者等支援のために行う賃貸借

第1 契約締結

Q-1
自然災害によって被害を受けた物件を賃貸する場合、重要事項説明ではどのような点に触れることが必要ですか。

A
　当面の間は、被災したときの状況とその後の修繕等の概要、ライフラインの状況を説明するとともに、緊急時の避難先や連絡先などについても触れておいた方がよいと考えられます。

（解説）
1　宅建業法35条には、重要事項として説明しなければならない事項が列記されていますが、この中には、被害状況などに関する事項は含まれていません。
　　しかし、宅建業法35条が規定している内容は、「最低限の説明事項」であって、法令上列記されている事項以外でも、個々の賃貸借契約締結に当たり、締結するか否か、契約条件をどのようにするかの判断に重大な影響を及ぼす事項については、重要事項として説明することが求められます。
2　質問のケースにおいては、自然災害によって被害を受けたという事実は、現在は目に見える形での支障ではなくても、将来的に建物や設備の状況、当該物件の生活ないし利用環境に何らかの影響が生じかねないところであり、被災したときの状況の概略を説明したうえで、その後の対応による現況についても説明をしておくことが、当事者の意思決定過程において重要であると考えられます。
　　また、再度自然災害があったときに、どのようにして身の安全を確保するのかなどの点で、避難先や緊急時の連絡先、対応の体制などについ

ても簡単に触れておくことが望ましいでしょう。

Q-2

自然災害によって建物の安全性に懸念が生じているような物件でしたが、借り希望者から、「住める状態であれば貸してほしい」との依頼がありました。このような物件でも新たに賃貸借することは可能でしょうか。また、その場合の契約条件や、二次災害が生じたときの責任はどのようになるのか、教えてください。

A

　建物が存在し、利用に供しうる状態にあるのであれば、賃貸借契約を締結することは可能です。しかし、そのためには建物の状況を十分に調査し、「利用に供しうる状態」にあるかを先に確認する必要があります。また、この場合、物件としての利用価値に見合った賃料等を考慮する必要がありますし、自然災害リスクについても十分に理解してもらったうえで、契約をすべきです。

（解説）
1　法令上は、賃貸借の客体が存在している限り、賃貸借契約を締結することができます。ただし、賃貸借契約において、貸主には、契約の目的に従って使用収益させる義務が生じます。建物賃貸借では、借主が対象物件の中で生活等をすることが前提となっていますので、本来は、「契約の目的に従って」という中に、「必要な安全性が確保された状態にある」、という意味合いも含まれていると解釈できます。したがって、今後、小さな余震等でも借主の生命身体財産に影響を及ぼすことが想定されるような物件については、原則論をいってしまえば、賃貸に供すべきではないのです。

　このようなことから、まずは建物の状況を専門家に調査してもらい、どの程度安全な状況にあるかを確認することが大切です。もし問題があった場合には、修繕等で対応できるのであれば、当該修繕工事の完了後に賃貸に供されるべきです。

2　また、利用は可能であるが、従前に比べれば安全性が低減しているという場合には、物件としての利用価値が低減していることなどを考慮して、賃料その他の契約条件を見直すことも必要です。

　さらに、二次災害が生じた場合、原則として建物所有者には工作物責任が生じる点に注意しなければなりません。工作物責任とは、土地上の工作物に「通常有すべき安全性の欠如」という瑕疵があり、その瑕疵を原因として損害が生じた場合には、工作物所有者には無過失の損害賠償責任が発生するというものです。契約でそのような場合に一切責任を負わないと規定していたとしても、個人が借主である住宅賃貸借では消費者契約法の適用によりそのような取決めは無効とされます。したがって、いずれにしてもこのような物件の賃貸借においては、建物所有者である貸主には従前に比べて大きなリスクが生じることに注意しなければなりません。

　借り希望者の方で、どうしても貸して欲しいということであれば、契約締結経緯における当事者間のリスクの公平な分担という意味合いで、建物の状況等を十分に説明し、借り希望者もリスクを承知したうえで契約を締結したことが明らかになるように手続きをすることが最低限必要です。

Q-3

自然災害があった地域内の物件ですが、その物件自体に損傷等はありませんでしたが、借主予定者から、入居前に、契約解消の申出がありました。この場合、借主予定者に対し何らかの金銭補償を求めることは可能でしょうか。

A

借主予定者において、契約解消の申し出に合理的理由がない場合には、一定の損害賠償を請求できる場合があります。ただし、実際上は、当事者双方の立場を踏まえ、お互い納得できるような形で契約の解消につき協議していくことが望まれます。

（解説）
1 賃貸借契約がいまだ成立していなくても、契約締結交渉が相当進んだ段階で一方的に契約を破棄する行為に対しては、「契約締結上の過失」として、契約を破棄した一方当事者が、他方に対し、信義則上の損害賠償義務を負う場合があります。

　　これは貸主側のキャンセルの場合も（引っ越し等の準備に要した費用などが損害と考えられます）、借主側のキャンセルの場合（借主予定者からの要望により設置された設備等の費用などが損害として考えられます）も同様です。

2 自然災害の場合も同じように、契約の目的とされていた物件が被災して利用できない状況にあったり、修繕工事が入居予定日までに完了せず、借主側が他の物件を探さざるを得なかった場合には、当該キャンセルについては「合理的理由」があります。しかし、そのような事情がない場合には、たとえばその借主予定者の要望に基づき一定の設備等を貸主側で設置したのであれば、その費用等については、信義則上の損害賠償の対象になりうるものと思われます。

3 ただし、実際上は、当事者双方の立場を踏まえ、まずはお互い納得で

きる形で契約を解消できるか協議していく必要があります。その中で、契約を解消するという行為が、信義則上の拘束の中で行われることをお互いが理解したうえで、借主予定者も事情を十分に説明して解消の申し出をすべきです。また、貸主側も当該事情を十分にくみ取って対応を検討するなど、一方的な対応は避けることが望まれます。

Q-4

契約済みの物件ですが、自然災害で建物が一部損壊しました。修繕・復旧作業を進めていますが、完成までには時間がかかり、その結果、新たな借主の入居が遅れています。この場合、貸主として、新たな借主に対し何らかの責任を負うことになるのでしょうか。

A

原則として新たな借主に対し責任を負うことはありません。ただし、貸主側が工事発注等を行わないなどの原因によって遅れている場合には、信義則上一定の賠償責任が発生する余地があります。

（解説）

1　通常の場合であれば、貸主は、契約に定めた期日までは善良なる管理者としての注意（善管注意義務）をもって物件を保管し、当該期日に借主に対し物件を提供すべき義務を負います。したがって、建物等の整備の遅れなどによって入居が遅れる場合には、入居が遅れている期間中の借主の仮住まいの確保などを負担することが求められます。

2　しかし、自然災害による遅れは、貸主にとっても不可抗力であり、貸主において責任を負うことは原則としてありません。ただし、その間は、物件を提供し得ない以上、賃料が請求できないのは当然です。借主に対し、事情を説明し、理解を求めることになります。また、そのなかで、契約の解消の申出がなされた場合には、現実に物件の利用ができない状態である以上、その申出には合理的理由があると考えられますので、契約解消に向けて対応すべきです。

Q-5

新たな借主との間で契約済みの物件について、現在の入居者（契約終了済み、明渡し日も合意のうえ特定済み）が、転居予定の物件が被災したため転居できなくなりました。この場合、どちらの借主との契約を優先すべきでしょうか。

A

新たな借主との間の賃貸借契約が優先します。ただし旧借主に対しても当面の転居先などのあっせんに努めるなどの配慮が望まれます。

（解説）
1 旧賃貸借契約が終了し、明渡しの合意もできている以上、法的観点からすれば、旧賃貸借契約はすでに存在せず、新賃貸借契約のみが存在していることになります。質問のような事情があったとしても、特別な法令の定めがない以上、旧借主の契約が復活するとか、継続しているものとみなすなどの取扱いはできません。したがって、旧借主はすみやかに退去し、新借主を入居させることになります。
2 ただし、旧借主においても、転居「しない」のではなく、転居「できない」という事情があるので、その事情は十分に酌んで、対応を検討することが望ましいでしょう。具体的には、新借主に対し、どの程度先までなら入居を遅らせることができるのかを確認するとともに、旧借主に対してはその間に新たな物件を見つけてもらえるよう、必要に応じあっせんなどをして、双方にとって損害が少ない形で対応することが考えられます。

第2　契約期間中

Q-1
自然災害によって破損した物件（住むことは可能）について、修繕を予定していますが、ある程度先になることが見込まれています。この場合、修繕が終了するまでの間、家賃はどのようにすればよいでしょうか。

A
ハード面での利用価値の低下に伴い、物件の利用の対価たる家賃額は低くなるものと考えられます。しかし、当然に減額されるわけではなく、当該状況に至った事情を考慮し、減額の可否、減額するとすればその減額幅などの合意形成を図ることになります。

（解説）
1　家賃とは、法律上は借主が目的物件を利用する対価と位置づけられます。したがって、自然災害により物件の利用価値が減じたとすれば、それに従って「相当の家賃額」はその分だけ低くなると一般的には考えられます。
2　質問のように、修繕工事が実施されていない状況のもとでは、物件のハード面における性能（利便性、機能性、安全性等）は従前に比べてマイナスの状態にあるといえます。したがって、客観的に賃料はその分低くなるということが考えられます。
3　ただし、客観的な利用価値が下がれば法律上当然に家賃も下がるというわけではありません。あくまでも家賃額の改定は、合意によるか、借地借家法の規定に基づく賃料増減額請求権の行使によって行われるのであって、自然災害の場合であってもそれは変わりません。したがって、「当然に賃料を下げなければならない」とうことにはなりませんが、当事者双方がそれぞれの事情を十分に考慮して、協議により、お互いに納得できる形での対応がなされることが望まれます。

Q-2

自然災害によって、店舗利用目的での賃貸借における借主が、店舗が再開できるまでは賃料を支払わないと主張しています。この場合、どのように考えるべきでしょうか。

A

借主が店を再開できない理由が建物の躯体等の損傷によるのであれば、そもそも賃料を請求できません。店を再開できないのが入居者側の事情によるのであれば、法的には賃料を免除する義務はありませんが、今後の借主との関係を考慮し、一定の配慮をするかどうか検討することが考えられます。

（解説）
1 店を再開できない理由を分けて考える必要があります。
　(1) 原因が建物の損傷等による場合
　　　この場合には、借主に対し目的に従って物件を利用させる貸主側の義務が履行されていないことになりますので、借主側の賃料支払義務も生じません（賃貸借の有償・双務契約性）。
　　　よって、免除等の要請に従い、建物等が復旧するまでの間は賃料を請求しないようにします。
　(2) 原因が入居者側にある場合
　　　この場合には、貸主側の義務は履行されている以上、借主側が店舗を再開しようがしまいが、法的には借主の賃料支払義務は従前どおり生じることになりますので、免除要請に応ずべき義務はありません。ただし、今後の借主との関係を考慮して、一定の配慮（一部免除とする等）をすべきか検討することが考えられます。
2 いずれにしても、現状に至った経緯や、当事者間の将来に向けての信頼関係の維持などの観点から、借主側の言い分を十分に精査して、対応を検討することになります。

Q-3

建物自体に問題はありませんでしたが、水道、ガス等のライフラインが使えない状態が継続している場合、その間の賃料は減額する必要がありますか。また、営業ができないことに対する営業補償まで負担しなければならないのでしょうか。

A

当然に減額されるということにはなりませんが、当該状況に至った経緯や当事者双方の事情、客観的な物件の利用価値の低下という観点からは、その間の賃料は減額（一部免除）する方向で協議調整することが考えられます。一方、営業補償金の方は、貸主に債務不履行がない以上、負担する必要はありません。

（解説）
1 賃料とは、法律上は借主が目的物件を利用する対価です。したがって、自然災害により利用価値が減ずれば、それに従って「相当の賃料額」はその分だけ低くなると一般的には考えられるでしょう。
2 まず問題となるのは、物件そのものには何ら問題なく、ライフライン系に支障があるとき、それを物件の利用価値の低減と考えうるか、いいかえれば賃貸借契約において、ライフラインの確保が物件としての利用価値の一部を構成しているかという点です。
3 民法上、賃貸借契約では、貸主の目的物件を契約の目的に従って借主に使用収益させる義務と、借主の賃料の支払い義務とが対価的な関係にあります。そして、賃貸住宅の場合には当該物件が日常生活の場であることから、ライフラインが確保されていることは、物件の利用価値の一部をなすと考えることができます。また、事務所等の場合も、電気が止まることによって業務用の設備等が利用できない状態は、もともと予定されていた物件の利用価値が減ぜられていると評価できます。
　したがって、その利用価値が一部減ぜられていることの見合いとし

て、賃料の取扱いを考慮することが検討されなければなりません。
4　つぎに、そのようなライフラインの停止が、自然災害によって不可抗力的に生じたものであり、貸主としての義務違反等とはいえないことをどう評価するかが問題となります。

　仮に、ライフラインの停止が建物内の設備等に損傷があったことに起因する場合であったとしても、損傷の原因が不可抗力にある以上、貸主の債務不履行とはいえません。

　しかし、物件の利用価値を当事者間で金銭的に評価したものが賃料であるととらえた場合、義務違反の有無とは別に、利用価値の低減に応じた賃料の額の妥当性という観点も考えなければなりません。したがって、賃料については減額する方向で調整協議することも考えられます。
5　ただし、「当該ライフラインの停止によって営業活動ができなくなった」ということによる営業補償の問題については、本質的には債務不履行に基づく損害賠償請求の問題であり、貸主側に債務不履行はない以上、貸主側もそこまでは考えなくてよいということになります。

Q-4

自然災害によって職を失い収入を得ることが困難となり、4か月間家賃の支払いがなかった借主との間の賃貸借契約について、賃料の不払いを理由として解除することはできるのでしょうか。

A

基本的に債務不履行による解除は可能ですが、当該事情に至った経緯を考慮したうえで、借主の負担がもっとも少ない方向での対応を検討すべきです。

（解説）

1 賃貸借契約では、民法601条により貸主には物件を目的に従って利用させる義務が、借主には賃料支払義務が、それぞれ課されています。

したがって、借主の賃料支払義務は、借主が契約に従い物件を利用している限り、いかなる原因があろうとも当然に免れるわけではありません。したがって、賃料不払いが心情的に酌むべき理由に基づくものであったとしても、賃料の不払いは契約違反行為となり、当該違反行為が当事者間の信頼関係を破壊するものであれば、契約を解除することができます。

2 ただし、現実問題としては、借主側の事情も十分に考慮し、明渡しについては猶予期間を通常よりも長期とすることや、円滑な明渡しが可能であれば未払い賃料の一部を免除するなど、借主の生活に配慮した対応を検討すべきです。

民法601条（賃貸借）

賃貸借は、当事者の一方がある物の使用及び収益を相手方にさせることを約し、相手方がこれに対してその賃料を支払うことを約することによって、その効力を生ずる。

Q-5

自然災害によって建物が破損し、それに伴って、借主が物件の引渡し後に設置した設備も破損しました。その設備の修繕費用は、貸主・借主のいずれが負担しなければならないのでしょうか。なお、契約書には「不可抗力による損害については貸主は責任を負わない」旨規定されています。

A

契約書で不可抗力による損害は責任を負わない旨規定されているか否かにかかわらず、原則として借主の側で修繕を行うことになります。

（解説）
1　修繕と損害賠償との関係

　まず、修繕と、損害賠償との関係を整理しておきます。

　賃貸借契約上の「修繕」とは、貸主が借主に対し提供する物件の状況が、双方に過失なく引渡し時よりも劣化損傷した場合に、引渡し時の状況にまで回復させることをいいます。

　したがって、引渡し後に設置されたものについては基本的に賃貸借契約上の修繕の問題ではなく、設備等に生じた「損害」として扱います。例えば、その損害を発生させた責任が第三者にある場合にはその者に対し損害賠償を請求することができますが、そうでない場合には自らが修繕費用を負担することになります。

　また、貸主側の修繕の対象となる損傷等によって生じた借主の営業上の支障などの派生的な損失は、「損害」と位置づけられ、損害賠償の問題が検討されることになります。

2　契約書上の不可抗力による損害賠償免責条項の意味

　契約書では、天災等によって生じた損害について貸主は免責される旨規定している場合が多くあります。しかしこの規定による免責の対象は、「損害」です。したがって、貸主側の修繕対象の損傷によって生じ

た営業利益の損失等に対しては、この規定に基づき貸主は賠償責任を負わないことになりますが、損害とは異なる「修繕」については、この規定とは関係なく修繕の負担の有無が検討されることになります。

3　修繕義務の負担者※

　目的物件の引渡し時に存在していたもので自然災害によって発生した損傷等の補修は、原則として当事者双方に過失がない場合に該当し、つぎのような契約書または法令における「修繕」の取扱いに従うことになります。

① 躯体・共用部分の修繕は、原則として貸主負担。ただし、借主が共用部分等に設置した設備等の管理が不十分であることにより損傷が拡大した場合などは、一定範囲で借主負担。

② 内装部分（専用部分内）の修繕は、どちらが設備等を設置したのかがポイント。貸主側が設置した場合には、原則として貸主負担となるが、借主負担とする特約がある場合、借主の指定に基づきオーダーメイドで提供したものである場合、借主が不法に設置した什器等が存在しそれによって損傷が拡大した場合など借主側にも過失がある場合には、一定範囲で借主負担。

③ スケルトンで引渡し、借主が設置したものについては借主負担が原則となるが、この場合でも、貸主負担とする特約がある場合、躯体・共用部分と一体となっている場合、貸主側に危険性等につき情報提供が不十分である場合などの信義則上の過失がある場合には、一定範囲で貸主負担。

※修繕義務の負担者

		原則	例外
①	躯体・共用部分	貸主負担	つぎの場合、借主が（一定範囲で）負担する。 ア　借主負担とする特約がある場合 イ　借主が設置した什器等の管理が不十分であることによって損傷が拡大した場合（損傷拡大部分） 　　　　　　　　　　　　　　　など

②	専用部分内の設備等（貸主設置）	貸主負担	つぎの場合、借主が（一定範囲で）負担する。 ア　借主負担とする特約がある場合 イ　借主側の指定による場合（通常のグレードを超える部分） ウ　借主側に通常要求される地震対策等の措置がされていないことによって損傷が拡大した場合（損傷拡大部分） 　　　　　　　　　　　　　　　　　　など
③	専有部分内の設備等（借主設置）	借主負担	つぎの場合、貸主が（一定範囲で）負担する。 ア　貸主負担とする特約がある場合 イ　躯体共用部分と一体となっている部分（通常のグレードの範囲） ウ　貸主側に危険性等につき情報提供が不十分であるなどの信義則上の過失がある場合 　　　　　　　　　　　　　　　　　　など

Q-6

自然災害によって建物が破損し、建物の維持保全に必要な修繕工事を実施するために物件内に立ち入る必要があります。しかし、借主に立入りの承諾をもらおうと連絡をしましたが、拒否されました。この場合の対応について教えてください。また、借主と連絡がとれない場合はどうしたらよいでしょうか。

A

　建物の維持保全に必要な修繕工事は保存行為とされ、借主は正当な理由がない限り拒否できません。重ねて立入りについて理解を求めるようにします。それでも駄目な場合には、最終的には契約の解除も検討することになります。

　また、借主と連絡がとれない場合には、必要最小限の範囲で立入り工事を実施して、事後的にその旨を通知しておくようにします。

（解説）
1　修繕工事を実施するに当たっては、賃貸物件内に立ち入る必要が生じますが、当該物件は借主が占有していますので、貸主は物件の所有者といっても借主の承諾を得て立ち入ることが原則です。
2　しかし、質問のような建物の維持保全に必要な修繕工事は、貸主が行う保存行為と解されます。そして、保存行為については、民法上、借主は拒むことはできないとされています（民法606条2項）。また、借主が賃貸借契約上負っている善管注意義務には、必要な設備等の工事や修繕に協力すべき義務が含まれると考えられ、正当な理由なく立入りを拒否することは債務不履行に当たると解されます。
　　したがって、これらのことを再度借主に説明し、立入りを認めるよう求めることなります。
3　それでも承諾が得られない場合には、古い裁判例（横浜地裁　昭和33年11月27日判決）には、『必要な修繕工事につき借主が正当な理由もな

く立入りを拒否することは、信頼関係破壊に当たり契約解除が認められる』としたものがありますので、最終的には契約解除も検討することになります。
4 借主と連絡がとれなくなっている場合には、質問との関係でいえば、借主には承諾義務があるわけですから、緊急やむを得ない行為として、承諾なく立ち入ることも違法ではないと考えられます。ただし立入りは工事の実施上必要最小限にとどめ、事後的に、借主との連絡がつけられるようになった時点で、立入りの事実と概要を通知しておくことが必要です。

民法606条（賃貸物の修繕等）
　賃貸人は、賃貸物の使用及び収益に必要な修繕をする義務を負う。
2　賃貸人が賃貸物の保存に必要な行為をしようとするときは、賃借人は、これを拒むことができない。

Q-7

自然災害によって建物に取り付けてあった看板が落下し、それによって歩行者（第三者）が負傷した場合、建物所有者である貸主は当該損害について責任を負うのでしょうか。

A

　看板の設置管理に不十分なところがあったかどうかがポイントになります。設置管理が不十分であった場合には、工作物の所有者に一定範囲で損害賠償責任が生じうることになります。一方、設置管理に不十分な点がなければ、法的責任は生じません。被害者が借主である場合も基本的に同様です。

（解説）
1　土地上の工作物の所有者は、工作物に瑕疵（通常有すべき安全性の欠如）があった場合、その瑕疵が原因となって生じた損害に対し、無過失の損害賠償責任を負います。
2　仮に自然災害によって生じた事故であっても、工作物にも瑕疵があり、自然災害と工作物の瑕疵の二つの原因が競合して一定の結果が生じた（工作物に瑕疵がなければ生じた結果は異なったはずだ）ということになれば、損害に対する瑕疵と地震の寄与の度合いに応じて所有者にも責任が生じます。ちなみに阪神淡路大震災のときには、工作物の瑕疵の寄与度は5割とされ、裁判所が認めた損害の半分を所有者の負担とした裁判例があります（神戸地裁　平成11年9月20日判決）。
3　質問のケースも、仮に看板等の設置管理の点に不十分なところがあり、その点に問題がなければ落下等はなかったということになれば、所有者には一定範囲（上記裁判例を参考にすれば5割程度）で損害賠償責任が生じうることになります。一方、これらの設置管理に不十分な点がなければ、法的責任は生じません。
4　被害を受けた者が借主の場合であっても、基本的には同様の考え方に

立ちます。

　看板のような共用部分に設置されているものについては、原則として所有者側の責任の有無が問題となります。

　また、貸主と借主との間には賃貸借契約関係があり、場合によっては契約上の義務違反行為の有無も問題となりますが、この場合、貸主に責任が認められるためには、貸主の過失が必要とされます。質問のケースでは、看板の設置管理に過失があれば工作物の設置保存に瑕疵がありますので、貸主は工作物責任を負います。

　また、過失がなくても「瑕疵」があれば、工作物責任が生じます。

　結局、貸主の責任の有無は設置保存に瑕疵があるか否かによって決まることになります。

民法717条（土地の工作物等の占有者及び所有者の責任）
　土地の工作物の設置又は保存に瑕疵があることによって他人に損害を生じたときは、その工作物の占有者は、被害者に対してその損害を賠償する責任を負う。ただし、占有者が損害の発生を防止するのに必要な注意をしたときは、所有者がその損害を賠償しなければならない。
2　前項の規定は、竹木の栽植又は支持に瑕疵がある場合について準用する。
3　前2項の場合において、損害の原因について他にその責任を負う者があるときは、占有者又は所有者は、その者に対して求償権を行使することができる。

Q-8

自然災害によって屋根瓦が破損し飛ばされ、それが敷地内駐車場内の借主所有の自動車にあたって、当該自動車が破損しました。この場合、当該自動車の補修費用は貸主・借主のどちらが負担するのでしょうか。また、自動車が借主のところを訪れていた第三者の所有であった場合についても教えてください。

A

いずれの場合も、屋根瓦の設置・保存の点に不十分なところがあったかどうかがポイントになります。設置・保存が不十分であった場合には、貸主にも一定範囲での損害賠償責任が生じうることになります。一方、設置・保存に不十分な点がなければ、法的責任は生じません。

（解説）
1 土地上の工作物の所有者は、工作物に瑕疵（通常有すべき安全性の欠如）があった場合、その瑕疵が原因となって生じた損害に対し、無過失の損害賠償責任を負います。

　仮に自然災害によって生じた損害であっても、工作物にも瑕疵があり、その2つの原因が競合して一定の結果が生じた（工作物に瑕疵がなければ生じた結果は異なったはずだ）のであれば、損害に対する瑕疵と地震の寄与の度合いに応じて所有者にも責任が生じます（阪神淡路大震災のときには、工作物の瑕疵の寄与度は5割とされ、裁判所が認めた損害の半分を所有者の負担とした裁判例があります）。

　質問のケースも、仮に屋根瓦の設置・保存に不十分なところがあり、その点に問題がなければ屋根瓦は落下しなかったということになれば、貸主に一定範囲（阪神淡路大震災のときの裁判例を参考にすれば5割程度）で損害賠償責任が生じうることになります。一方、屋根瓦の設置・保存に不十分な点がなければ、法的責任は生じません。

2 なお、被害者が借主の場合（質問前段）には、貸主としての責任（債

務不履行責任）が生じるのではないかという点も一応問題になります。これは、貸主側には、借主に対し目的に従って使用収益させる義務違反があるという考え方に基づくものですが、本質問で貸主に債務不履行責任が成立するためには、単に屋根瓦の設置・保存に瑕疵があるだけでなく、その瑕疵の存在を認識しつつ一定の対応をとらなかったというような「過失＝注意義務違反」が要求されます。したがって、屋根瓦の設置・保存に瑕疵がなければ債務不履行責任は問題になりません。一方、瑕疵があった場合でも過失がなければ債務不履行責任は生じないのですが、この場合、被害者側からは工作物責任が主張されるのが通常であり、そうなると貸主の責任は否定できません。

　したがって、貸主の法的責任の有無は、結局のところ、「屋根瓦の設置・保存に瑕疵があったか否か」で判断されることになります。

屋根瓦の設置・保存の瑕疵及び貸主の過失の有無	工作物責任	債務不履行責任	（結論）貸主の責任
瑕疵なし	×	×	×
瑕疵あり・過失なし	○	×	○
瑕疵あり・過失あり	○	○	○

Q-9

自然災害によって建物が破損し、修繕工事に時間がかかっています。その間、貸主は借主に対し仮住まいの提供をしなければならないのでしょうか。

A

仮住まいの提供は貸主の義務ではありません。借主が賃料支払義務を負担しつつ貸主から仮住まいの提供を受けるか、借主が自力で仮住まいを探したうえで従前の契約上の賃料は支払わない（ただし仮住まいの方の賃料は支払う）かのいずれかになります。

（解説）
1 民法上、賃貸借契約では、目的物件を契約の目的に従って借主に使用収益させる貸主の義務と、借主の賃料の支払義務とが対価的な関係にあります。修繕工事に時間がかかり、その間物件の利用ができない場合には、貸主の上記義務を果たすことはできません。

したがって、貸主の物件を利用させる義務の代替として、仮住まいを提供することがひとつの方法として考えられます。ただし、あくまでも仮住まいの提供というのは、賃貸借契約の継続を前提に、借主の賃料支払義務の対価的関係として、貸主の義務とされるものです。

2 質問のケースは不可抗力によって貸主の義務が履行できない状況にありますので、貸主は、別の方法として、物件の提供義務が履行できない代わりにその間は賃料は発生しない（賃料を請求しない、賃料を免除する）ものとして取扱うことも可能でしょう。

すなわち、借主は賃料支払義務を負担しつつ貸主から仮住まいの提供を受けるか、自力で仮住まいを探したうえで従前の契約上の賃料は支払わない（ただし仮住まいの方の賃料は支払う）かのいずれかを、当事者間で協議のうえ選択することになります。

3 ちなみに当該修繕の原因が貸主側にある場合には、貸主の義務違反行

為に伴う借主の損害を補てんする観点から、積極的に仮住まいの提供を考慮すべきとされうることに注意が必要です。
　また、貸主側の発注ミス等の過失によって修繕工事が遅れ、当初の期間よりも仮住まいの期間が長くなった場合は、仮住まいの方の賃料が既存の物件の賃料よりも高額の場合の差額分につき、その延長期間に応じて貸主側が負担することになるものと考えられます。

Q-10

自然災害によって建物が破損し、修繕工事に時間がかかっています。その間テナントが営業できない状態となってしまうため、この間の営業補償金を求められていますが、対応しなければならないのでしょうか。

A

建物の破損の原因が、自然災害とあわせ、建物の設置・保存に瑕疵があった場合であれば、損害賠償の一環として営業保証金の支払いを検討する余地があります。一方、建物の設置・保存には問題がない場合であったり、建物の利用自体は可能となった場合には、貸主の債務不履行責任や工作物責任の問題ではありませんので、営業補償金を考慮する必要はありません。

（解説）
1　まず、営業補償金の問題は、貸主に債務不履行や不法行為などの法的責任がある場合の損害賠償の問題であるということを押さえておく必要があります。
2　したがって、質問の場合、貸主としての債務不履行があったか、工作物責任があったかがまずは問題となります。
　土地上の工作物の所有者は、工作物に瑕疵（通常有すべき安全性の欠如）があった場合、その瑕疵が原因となって生じた損害に対し、無過失の損害賠償責任を負います。
　仮に自然災害によって生じた事故であっても、工作物にも瑕疵があり、その2つの原因が競合して一定の結果が生じた（工作物に瑕疵がなければ生じた結果は異なったはずだ）ということになれば、損害に対する瑕疵と地震の寄与の度合いに応じて所有者にも責任が生じます（阪神淡路大震災のときには、工作物の瑕疵の寄与度は5割とされ、裁判所が認めた損害の半分を所有者の負担とした裁判例があります）。また、債務不履行責任も、前提として、貸主としての義務違反行為、すなわち建

物の維持保全に過失があって客観的に瑕疵が存在していたことが必要となります。

　したがって、貸主の法的責任は、結局のところ建物の設置・保存に瑕疵があるか否かがポイントとなります。

　質問のケースでは、仮に建物の設置・保存に不十分な点があり、その問題がなければ損傷等はしなかったということになれば、建物所有者である貸主に一定範囲（阪神淡路大震災のときの裁判例を参考にすれば5割程度）で損害賠償責任が生じうることになり、そのなかで営業補償金も検討されることになります。一方、建物の設置・保存に不十分な点がなければ、法的責任は生じませんので、営業補償金も必要ないということになります。

3　また、仮に建物の設置・保存上問題があって建物が損傷したとしても、店舗としての営業は通常であれば可能となる場合には、そもそも店舗営業をしないのは借主側の事情によりますので、営業補償金を損害とみなしての貸主の法的責任は生じないことになります。

Q-11

自然災害後も居住を継続していた物件において、さらなる余震等によって建物が破損し、借主が負傷しました。この場合、貸主に責任が生じるのでしょうか。

A

　建物所有者である貸主の工作物責任の可能性は否定されません。ただし貸主側は物件の安全性に対し警告をしていたにもかかわらず、借主が居住を継続しているなどの事情がある場合には、そのようなリスクを受け入れていた者との関係において瑕疵または債務不履行の存在は否定され、建物所有者である貸主の責任は軽減されると考えられます。

（解説）
1　質問のケースにおいて、余震等によって被害が生じた場合、建物所有者としての工作物責任の可能性や、物件の安全性を確保した状態で物件を提供すべき貸主の債務の不履行と評価される可能性は否定できません。
2　ただし、工作物責任が生じるためには「瑕疵＝通常有すべき安全性の欠如」の存在が必要です。したがって、すでに建物に損傷があり、それを許容しつつ利用している者との関係においては、「通常有すべき安全性」のレベルが低下し、工作物責任が生じる可能性は低くなるといえます。また、工作物責任が生じる場合でも、損害発生・拡大に借主側の対応も寄与していると評価され、過失相殺的な処理がなされることも予測されます。したがって、この場合の責任は、当事者双方と自然災害とが損害発生・拡大に寄与した割合に応じて、それぞれ分担しあうということになるものと考えられます。さらに、そのようなリスクを受け入れて利用を継続していた借主との関係からすれば、ケースによっては瑕疵そのものを否定できる場合があると考えられます。
3　また、貸主としての債務不履行責任の方も、すでに建物に損傷があっ

て通常有すべき安全性が低下していることを許容して継続入居している借主との関係では、貸主側は自らが負担すべき義務は尽くしていると考えることもできます。
4　したがって、質問のケースでは、すみやかに建物の状況を調査確認し、従前との比較において安全性に係るリスクが増大している場合にはその旨を通知し、借主側に契約終了か、当該リスクを許容しつつ利用を継続するかについて選択してもらう機会を与えるなどの対応が望まれます。さらに、借主がその物件からの退去を選択した場合には、必要に応じてつぎの入居先のあっせんなどに努力することも考えられます。

Q-12

自然災害によって建物が損傷し、相当程度修繕工事を施せば居住・利用は一応可能ですが、建替えをした方がコスト的にも低くなる場合、賃貸借契約の解約を申し入れることはできますか。

A

解約は可能と考えられますが、借主の退去費用の負担について検討することが必要でしょう。

（解説）
1. 建物賃貸借契約を貸主側から中途解約する場合には、借地借家法の規定に基づき正当事由が要求されます（借地借家法27条・28条）。
   建物の損傷が著しく、修繕費用よりも建替え費用の方が安価になるという場合には、正当事由の判断要素のひとつである「建物の現況」のなかでその点が評価され、解約の正当事由として認められますが、補完要素として立退料を要するとするのが裁判例の傾向です（東京高裁　平成3年7月16日判決など）。また、合意解約で進める場合には、交渉を円滑に進めるという視点も必要です。したがって、退去費用については貸主側で負担することも検討する必要があります。
2. なお、建物の損傷が著しく、建物としての機能を有していない場合については、目的物がなくなったということで、解約ではなく、契約は当然に終了するということになり、この場合には立退料の問題も生じませんので、退去費用は借主の負担になります。

Q-13

自然災害があった地域内の物件ですが、その物件自体は何ら損傷がなかったにもかかわらず、貸主から契約の解約の申し入れがありました。借主はこれに応じなければならないのでしょうか。

A

貸主側からの解約の申し入れは借地借家法の正当事由の要件を満たしていることが条件になりますので、その条件を満たしていない解約の申し入れについては借主がこれに応ずる義務はありません。ただし、借主が諸事情を考慮して申し入れに応じるのであれば、合意解約として有効となります。

（解説）
1　民法では、当事者の一方の都合により、その意思で契約を終了させることができるのは、期間の定めがない契約の場合であるか（民法617条）、あるいは期間の定めがあっても、解約権を留保する特約を定めた場合（民法618条）のいずれかとされています。

　したがって、契約期間の定めがある賃貸借契約の場合は契約条項中に貸主からの中途解約が定められていなければ、解約申入れとしての効力はありません。

　建物の損傷等が激しい場合には、事情変更の法理という考え方によって、中途解約できる旨の特約がなくても解約の申し入れを可能とする余地はありますが、質問の場合にはそのような事情変更の要素もありませんので、上記の結論のとおりとなります。

2　契約上では中途解約が可能となっていた場合でも、貸主からの解約申入れについては、以下の基準により正当事由があると判断される必要があります（借地借家法28条）。

　① 賃貸人と賃借人のお互いの物件を必要としている事情

② 賃貸借に関する従前の経過
③ 建物の利用状況や現況
④ ①〜③までの補充としての立退料の提供

3　建物が損傷していれば、上記③で判断されることになりますが、質問のケースでは③は問題となりません。その他の正当事由の判断要素（①・②）がなければ、一方的な解約申入れはできないことになります。

　ちなみに④の立退料は、あくまでも①〜③の要素の補完材料であるので、立退料のみで一方的解約の正当事由が満たされることはありません。

4　以上から、質問のケースでは、貸主からの解約申入れは、借地借家法上、一方的な解約申入れの要件を満たしておらず、借主は応ずる義務はありません。ただし、諸般の事情から、当該申入れに借主が承諾すれば、合意解約として、契約は終了することになります。

Q-14

自然災害があった地域内の物件ですが、その物件自体は何ら損傷がなかったにもかかわらず、借主から契約の解約の申し入れがありました。契約書では期間内解約の場合には一定の額の違約金が発生することを取り決めています。しかし借主は、自然災害等やむを得ない事情によって契約を解約するのであるから、当該違約金は生じないと主張しています。これをどのように考えるべきでしょうか。また、物件に損傷は生じたが直ちに修繕工事等を行い1週間後には従前の状況に戻っている場合にはどうかについても教えてください。

A

質問のいずれの場合でも、借主側からの解約の申し入れは通常の期間内解約となりますので、借主には違約金の支払い義務が生じます。

（解説）
1　質問のケースでは、借主が入居している物件は、自然災害等があった地域内にありますが、その物件自体には何ら損傷がない以上、借主からの解約申入れは、貸主側の事情に基づくものや、天災による不可抗力的な契約終了ではなく、あくまでも借主側の一方的な都合による解約と解することができます。

　　また、質問の後段にあるように、災害後1週間程度は点検復旧工事等があって利用ができなかったとしても、それ以降は通常の利用が可能となっているのであれば、同様に、借主側の一方的な都合による解約であると解することができます。

2　したがって、解約に伴う権利義務関係は、契約書で一定の条件が定められているのであれば、当該契約書記載の条件に従うことが求められます。仮に、契約で、借主側の都合による解約の場合には違約金が生じるとの定めがあるのであれば、その規定に従い、借主は違約金を支払う必要があります。建物が滅失して契約が当然に終了する場合とは異なるこ

とに注意が必要です。

3　質問の後段にあるように、修繕工事実施中の1週間は借主は物件を利用できなかった場合でも、そのことをもって直ちに物件の滅失によって契約は当然に終了するとはいえないのであり、やはりその後、従前の状態に戻ってからの解約は、契約条項に従って違約金が発生し、せいぜい利用が不能であった1週間分の賃料相当分を相殺すべきかどうかの検討が必要となる点に違いがあるだけということになります。

Q-15

自然災害によって連帯保証人が不在となってしまった場合、新たに連帯保証人を付けるよう要請することはできますか。また、新たな連帯保証人がいない場合、契約を解除することはできるのでしょうか。

A

借主に対し、新たな連帯保証人を付けるよう要請することは可能です。また、連帯保証人の存在が賃貸借契約の成立存続の前提条件であるなどの事情がある場合には、契約解除理由とすることも可能と考えられます。

（解説）
1 民法では、当初契約において連帯保証人の存在を賃貸借契約の基本的条件として合意し、連帯保証人を立てることを義務付けた場合には、連帯保証人が不在となったときは、債権者は、

① 新たな連帯保証人を立てる
② 代わりの担保の提供

といった方策をとることが可能とされています（民法450条・451条）。
　建物賃貸借でも、同様に、質問のようなケースでは、債権者たる貸主は、主たる債務者たる借主に対し、新たに連帯保証人を付け、あるいは貸主の指定する保証会社等を連帯保証人とするよう要請することができます。また借主は、敷金の積み増しなど、連帯保証人を立てる代わりに別な担保方法を提供することもできます。
2 借主が上記のいずれの方法もとらない場合には、民法上の義務違反として、契約の解除を検討することが可能です。ただし、賃貸借契約の解除は、法令または契約上の義務違反行為とともに、当事者間の信頼関係の破壊が要求されます。したがって、新たな連帯保証人を立てられないことが当該賃貸借契約の前提に重大な影響が生じるといった要素も検討しなければなりません。

もともと借主の資力に不安があり、連帯保証人の存在が契約の成立・存続の前提であるとの了解のもとでの契約関係であった場合などは、契約解除の理由とすることも可能と考えられます。

Q-16

まもなく契約期間の満了を迎える物件についてですが、自然災害によって物件が損傷しました。建物自体は一応居住することが可能ですが、修繕をするには建替え以上にコストがかかります。この場合、借主側から更新したい旨の申出があっても、更新を拒否することができますか。

A

期間満了の6か月前であれば更新を拒否することは可能と考えられますが、借主の退去費用の負担について検討することが必要でしょう。一方、期間満了前6か月の時点を過ぎている場合には、更新拒否はできません。

（解説）
1　貸主から更新を拒否する場合には、貸主が期間満了の1年前から6か月前までの間に借主に対して更新をしない旨の通知をすることが必要です（借地借家法26条1項）。したがって、期間満了前6か月の時点を過ぎている場合には、借地借家法上、更新の拒否はできないことになり、この場合には、合意により期間満了で終了すると取り扱うか、契約期間中の中途解約（正当事由のある解約申入れから6か月経過後に終了）で対応することになります。
2　契約期間満了の6か月前であっても、建物賃貸借契約を貸主側から中途解約する場合には、借地借家法の規定に基づき、つぎのような正当事由が要求されます（借地借家法27条・28条）。

① 賃貸人と賃借人のお互いの物件を必要としている事情
② 賃貸借に関する従前の経過
③ 建物の利用状況や現況
④ ①〜③までの補充としての立退料の提供

建物の損傷が著しく、修繕費用よりも建替え費用の方が安価になると

いう場合には、正当事由の判断要素のひとつである「建物の現況」の中でその点が評価され、更新拒否の正当事由として認められますが、『補完要素として立退料を要する』とするのが裁判例の傾向です（東京高裁平成3年7月16日判決など）。また、合意により期間満了で契約終了とする場合には、交渉を円滑に進めるという視点も必要です。したがって、退去費用等については貸主側で負担することも検討する必要があるでしょう。

3 なお、建物の損傷が著しく、建物としての機能を有していない場合については、目的物がなくなったということで、更新拒否ではなく、当該事情が生じた時点で契約は当然に終了するということになります。そして、この場合には正当事由や立退料の問題も生じませんので、退去費用は借主の負担ということになります。

Q-17

借主側から期間満了の1か月前までに契約終了の申出がない場合には契約は更新されるとする自動更新条項が定められている賃貸借契約についての質問です。契約期間満了の1か月前を迎える直前に自然災害が発生し、当該時期はなかなか連絡がとれなかったという事情がありましたが、所定の期間までに何ら申出がなかったとして、契約書に従い自動更新されたと扱ってよいでしょうか。

A

　事情変更の考え方に従い、借主と再度連絡をし、居住継続の意思があれば契約書に従い自動更新とし、居住継続の意思がなければ期間満了で契約終了という扱いにすることが考えられます。

（解説）
1　契約において、借主側から期間満了の1か月前までに契約終了の申出がない場合には契約は更新されるとする自動更新条項は有効であり、通常の場合であれば、所定の期限までに更新しない旨の申出がなければ契約は合意更新され、その後で「更新しない」旨の申出があっても、契約期間中の解約申入れとして取り扱うことになるものと考えられます。
2　しかし、質問のように、当該申出の時期に自然災害があり、通常の連絡方法がとれないような状況が生じた場合には、当該申出が困難であったことから、契約書の条項をそのまま適用することはできず、通常の連絡方法が回復するまでの間は、「所定の期限」の経過は停止していると解することができます。民法でも、時効についてですが、「天災その他避けることのできない事変のため時効を中断することができないときは、その障害が消滅した時から2週間を経過するまでの間は、時効は、完成しない」という規定があることが参考になります（民法161条）。
3　したがって、質問のケースでは、通常の連絡手段が回復した時点で改めて借主側の意向を確認することがが望ましいと考えられます。

第3 契約終了

Q-1

自然災害によって建物が全壊または半壊し、客観的にも居住ができない状態になってしまいました。この場合、契約はどうなるのでしょうか。また、借主は新たな物件を探し移転するための費用を貸主に請求することができますか。

A

建物の損傷が激しく、客観的にも賃貸借の目的物としての性質が失われた場合には、賃貸借契約は当然に終了します。また、その場合の借主の転居費用等は、貸主に債務不履行などがない以上、損害賠償等の問題は生じませんので、貸主に対して請求することはできません。

（解説）
1 建物が全壊または半壊し、客観的にも居住・利用できない状況になってしまった場合、賃貸借契約の客体（目的物）が消滅し、それに伴って、契約は当然に終了します。
2 この建物の全壊または半壊は、貸主の不注意（失火など）によるのであれば、貸主に債務不履行責任が生じ、借主への損害賠償の一環として、転居先への転居費用等を貸主が負担する場合があります。
　しかし、質問のように、建物の全半壊が自然災害によるものであって、貸主側には何ら過失がない場合には、上記の構成をとることはできず、転居費用などは借主が負担することになります。

Q-2

自然災害によって建物が全壊または半壊したことで、貸主側が建替えを予定している場合、従前の物件を借りていた借主は、建替え後の物件についても他の者に優先して借りることができるのでしょうか。

A

　建物の損傷が激しく、客観的にも賃貸借の目的物としての性質が失われた場合には、賃貸借契約は当然に終了します。貸主が既存の建物を取り壊して新たに賃貸住宅を建設したとしても、特別な立法措置がない限り、法令上は、借主は、他の者に優先して建替え後の新たな賃貸物件に入居できる権利まではありません。ただし、借主側の事情も考慮し、貸主としてはできる限り従来の借主の居住先の確保も視野に入れて対応することが考えられます。

（解説）
1　建物が全壊または半壊し、客観的にも居住・利用できない状況になってしまった場合、賃貸借契約の客体（目的物）が消滅し、それに伴って、契約も当然に終了します。
2　貸主が既存の建物を取り壊して新たに賃貸住宅を建設したとしても、その物件は、従前の賃貸借契約の目的（客体）とは別のものとなりますので、特別な立法措置がない限り、従前の賃貸借契約上の借主が、他の者に優先して建替え後の新たな賃貸物件に入居できる権利があるとする根拠はないことになります。
　　ちなみに「罹災都市借地借家臨時処理法」という法律があり（P.125～131参照）、政令で特定の自然災害につき当該法律が適用されたとすれば、その規定に従い、従前の借主が、建替え後の賃貸住宅に、他の者に優先して賃貸借契約を締結して入居することができます（同法14条）。上記の「特別な立法措置」とは、この臨時措置法などによる法令上の施策をいいます。

3　ただし、上記立法措置がなされていない場合であっても、借主側の事情も考慮し、貸主としてはできる限り従来の借主の居住先の確保も視野に入れて対応することが考えられます。

Q-3

自然災害によって建物が全壊または半壊したことで、貸主側が建替えを予定している場合、従前の物件を借りていた借主が、建替え後の物件を賃借する際の賃貸条件は、従前の契約条件と同じになるのでしょうか。

A

自然災害によって建物が全壊または半壊し、貸主が既存の建物を取り壊して新たに賃貸住宅を建設し、従前の借主との間で新賃貸物件につき契約をする場合、新賃貸物件の契約は従前の物件の契約とは別個の契約であるため、新たに契約条件を定めることになります。従前の契約条件がそのまま引き継がれるわけではありません。

（解説）
1 建物が全壊または半壊し、客観的にも居住・利用できない状況になってしまった場合、賃貸借契約の客体（目的物）が消滅し、それに伴って、契約は当然に終了します。
2 したがって、貸主が既存の建物を取り壊して新たに賃貸住宅を建設し、その物件につき従前の借主との間で賃貸借契約をする場合、従前の契約と新賃貸物件の契約は、法律上は別個のものであり、新賃貸物件の契約条件は新たに定めることができ、従前の契約条件に拘束されません。
3 なお、これは、罹災都市借地借家臨時処理法という法律（P.125～131参照）が政令の定めにより当該自然災害地域に適用される場合でも同様です。同法では、建替え後の物件につき、従前の借主に優先的に賃借する権利を保護しますが、契約条件については「相当な借家条件で」と規定されており、借主の申出により、裁判所が、新賃貸条件につき従前の賃貸条件などを参考に定めることができるという扱いになっているところです。

Q-4

借主が自然災害時を境に不在となり、連絡がとれない状態にある場合、賃貸借契約はどのように扱えばよいのでしょうか。

A

借主の所在等が不明であるというだけでは賃貸借契約は当然には終了しません。したがって、連帯保証人や契約時点で届出があった緊急連絡先などに連絡をし、安否等の確認をすることが必要です。また、賃料の不払いが継続している状態であれば、そのことを理由に、公示送達の方法などによって契約を解除することが考えられます。

（解説）
1 借主が所在不明というだけでは、契約は当然に終了しません。それは、その原因が自然災害であった場合も同様です。
　連帯保証人や緊急連絡先等として届出があった親族などに連絡し、借主の安否や所在の確認をすることが必要です。また、弁護士等に依頼して、訴訟を前提として住民票や戸籍を取り寄せて連絡先を調査することも検討します。
2 仮に借主が自然災害により死亡していたことが確認されたときには、借主の地位は相続されますので、相続人と連絡をとり、契約継続の意思を確認し、継続しないということであれば、物件内の物の引取りや所有権放棄等をしてもらうことになります。
　なお、災害によっては失踪宣告制度や認定死亡の制度が適用される場合があります。前者の場合には災害後1年で当該者が死亡したものとみなされますし、後者であれば、行政により死亡が認定されれば、その時点で死亡と扱われ、上記と同様の対応をとることになります。
3 また、不在が長期に及び、その間賃料の不払状態が継続している場合には、賃料の不払いを理由とする契約解除も考えられます。この場合、借主が所在不明でも、裁判所に公示送達の申出をすることによって、契

約を解除することができます。

Q-5

契約が終了となり、借主が任意に物件を明渡しましたが、自然災害によって損傷した内装や備え付けの備品等についての原状回復義務は貸主・借主のどちらが負うのでしょうか。

A

借主の故意過失に基づく損傷などではないことから、原則として貸主が負担することになります。

（解説）

1　借主は、その賃貸借の目的物の返還に当たっては、民法598条、616条の規定により、借用物を原状に復して、これに付属せしめた物を収去することができるとされています。

　また、判例では、賃貸借契約上賃借人が一般的に負うべき義務として、「賃借人は、賃貸借契約が終了した場合には、賃借物件を原状に回復して賃貸人に返還する義務がある」としているところです。

2　民間賃貸住宅につき国土交通省が示している「原状回復をめぐるトラブルとガイドライン」（以下「ガイドライン」という）や、最高裁の判決では、契約により定められた使用方法に従い、かつ、常識的に考えて普通に使用していればそうなったであろう状態であれば、仮に使用開始当時の状態よりも悪くなっていたとしても、それはそのまま貸主に返還すればよいとする前提に立っています。これは、普通の使用に伴って生じるような損耗（通常損耗）に係る補修費用は、減価償却費として一般的に賃料に含まれているものと考えられること、これを退去時に請求することは、費用の二重取りに当たるとの考え方に基づくものです。

　そこで一般的に、借主が負うべき原状回復については、ガイドラインで、「借主の居住、使用により発生した建物価値の減少のうち、借主の故意・過失、善管注意義務違反、その他通常の使用を超えるような使用による損耗・毀損を復旧すること」と定義されています。

3　したがって、自然災害で損傷した内装や備え付けの設備の原状回復義務は、原則として貸主が負担することになります。

　ただし、もともと借主の故意過失によって損傷していた場合には、仮にその後の自然災害によって破損したとしても、借主の故意過失と自然災害とが競合して退去時の状態を現出せしめたことになりますので、借主側にも応分の負担を求めるべきです。

4　また、自然災害後も居住・利用が継続される場合には、内装等の損傷が自然災害時に生じたものなのか、あるいはそれ以降の借主の故意・過失等によるものなのかについて不明となるおそれがあることから、自然災害直後の状況を記録しておくことが大切です。

5　なお、契約終了が建物の全半壊等により当然に終了したとされる場合には、客体そのものが法令上消滅しているわけですから、「原状に回復すべき」客体も存在せず、結局は、原状回復の問題も生じません。

Q-6

賃貸借契約は終了することとなりましたが、借主が保有していた物品等が物件内に多数残っています。自然災害を境に借主とは連絡がとれなくなっていますが、この残置物を処分してよいのでしょうか。

A

　借主の所在等が不明であるというだけでは、賃貸物件の中の物について、借主の所有権・占有権がなくなるわけではありません。したがって、連帯保証人や契約時点で届出があった緊急連絡先などに連絡をし、安否・所在確認を行うとともに、親族等に「物」の引取りをお願いする必要があります。

（解説）
1　賃貸借契約が終了した後は、借主は当該物件を使用すべき権限を失うことから、当然に当該物件を明け渡す必要があります。この明渡しには、室中の動産等の搬出も含まれ、通常であれば、借主が室中の物を運び出し、明渡しが完了することになります。
2　借主が任意にそのような対応をしない場合には、明渡訴訟を提起して判決を得たうえで、強制執行を求めるのが原則です。わが国の法制度では、強制力を行使する場合には、裁判所等の公的機関によることを要し、当事者が自らの手で行うことはできないとする「自力救済禁止」の扱いがなされ、物件内の動産等の所有権・占有権についても、契約の終了とは別に判断されます。したがって、賃貸借契約終了後の物件内の動産等の処分を貸主が自力で行うことは、自力救済禁止の法理に抵触するとともに、所有権占有権の違法な侵害として、不法行為の問題となってしまいます。
3　質問のケースも同様に、特別な立法措置がない限り、自然災害を機に連絡不能となったことが直ちに所有権放棄であるとか、自力救済を正当化する根拠を有するとかいうことはありません。連帯保証人や契約時点

で届出があった緊急連絡先などに連絡をし、本人に連絡をしてもらったり、中の物の引取りなどをお願いすることを検討する必要があります。
4　なお、当該処分がなされない限り危険な状態となった物件の取り壊し等ができないとなどの特段の事情がある場合には、自力救済禁止の例外として、搬出が違法とはならないと考えられます。ただしこの場合も、借主の物件内の動産等に係る所有権の問題は残りますので、やはりそれらを処分する場合には上記と同様の対応を検討する必要があります。

Q-7

契約が終了し明渡しも完了しましたが、自然災害によりＡＴＭが故障したことによって、敷金の返還が約束よりも数日遅れてしまいました。この場合、貸主に遅延損害金が発生するのでしょうか。また、敷金の返還の遅れが、借主側の事情による場合はどうでしょうか。

A

　敷金返還債務も、その履行が遅れれば、遅延損害金が発生します。しかも敷金返還債務は金銭債務ですから、不可抗力を抗弁とすることができず、ＡＴＭの故障に原因があったとしても、借主との関係では債務不履行により遅延損害金が発生します。ただし契約で取立債務としていたにもかかわらず借主が来なかった場合には、貸主側で十分な準備と通知をしていたのであれば、遅延損害金は発生しません。

（解説）
1　敷金返還債務は、物件の明渡しが完了した時点で発生します。したがって、当事者間での合意により敷金返還時期が遅れることは問題ありませんが、そうではないのに敷金の返還が遅れた場合、債務不履行（履行遅滞）となります。
2　そして、敷金返還債務は金銭債務であり、その履行が遅れたことが不可抗力による場合であっても、民法の規定によりその遅延を正当化することはできません。
3　結局質問のケースは、不可抗力の抗弁はできず、貸主は遅延損害金を負担することになります（もしＡＴＭの支障が自然災害だけではなく銀行側の過失も起因しているときは、一定範囲で銀行側に求償をすることは可能と考えられます）。
4　一方、敷金返還債務を取立て債務（債権者が債務者のところに行って債務の履行を受ける）としていた場合で、借主が自然災害によって取立てに来られなかった場合には、貸主は「借主が来れば直ちに履行はでき

る」という状態にし、その旨をあらかじめ借主に通知しておけば（これを「弁済の提供」といいます。民法493条）、遅延損害金は発生しません（民法492条）。

第4　管理業者の対応

Q-1

　管理業務の一環として賃料の収納代行業務を行っていますが、自然災害により貸主に相続が発生してしまいました。まだ遺産分割協議は行われておらず、遺言もありません。この場合、預かった賃料や敷金はどのように扱えばよいのでしょうか。また、今後の賃貸借契約において貸主との関係はどうなりますか。

A

　管理委託契約は原則として終了します。相続人との間で改めて管理委託契約を締結しない限り、物件の管理は終了し、管理業務の清算として預り金を相続人に返還しなければなりません。相続人間で調整をしてもらい、代表者に預り金を受領してもらうようにします。

（解説）
1　管理委託契約は、民法上の委任契約を基本とした混合契約といわれています。委任契約では、委任者の死亡は契約終了原因となっており、相続が発生しても相続人は当然に管理委託契約を引継ぎません。相続人との間で改めて管理委託契約を締結しなければ、管理業務は終了することになります。
2　この場合、預り賃料や敷金など、委託事務を処理するうえで受け取っていた金銭その他のものを貸主の相続人に引き渡す必要があります（民法646条）。
　　この預り金は、法律上は相続人の金銭債権となるため、遺産分割協議や遺言により、被相続人が所有していた賃貸物件の相続人が1人に特定されない限り、相続人全員の共有関係となります。そして、金銭債権については、それぞれの相続分に応じて分割されるというのが民法の扱い

です（民法899条）。
3 　しかし預り金については、管理業者の側で相続人を調査し、それぞれの相続分を把握するということは実際上困難です。したがって、相続人側で早急に協議をしてもらい、少なくとも預り金の受取りは誰がするのかを特定してもらって、その方に引き渡すのが一番簡単な方法です。
4 　また、相続人との間で引き続き管理委託契約をする場合には、物件の管理が継続します。そうすると今度は、今後の賃貸借契約上の貸主は誰か、賃料の支払い先は誰かという問題が生じます。これも、上記と同様、遺産分割協議等が成立するまでの間は相続人全員が貸主となります。賃貸借契約上の貸主としての対応については、その都度、相続人全員の意思確認等が必要となるのは大変なことから、相続人側で早急に協議をしてもらい、当該物件の相続人を特定するか、少なくとも貸主代表者を特定してもらって専らその者との間で契約上の対応を協議する体制にしておくようにします。

Q-2

管理委託契約の委託者である貸主に相続が発生してしまいました。まだ遺産分割協議は行われておらず、遺言もありません。この場合、管理委託契約はどのように扱えばよいのでしょうか。また、**管理委託契約が終了する場合にはどのような事務が必要となりますか**。

A

　管理委託契約は原則として終了します。相続人との間で改めて管理委託契約を締結しない限り、管理義務は終了し、契約終了に伴う事務とともに、その時点で行っていた管理委託業務の後任業者への引継ぎ、引継ぎまでの間の事務処理の方法とあわせ、管理業者の変更につき物件に入居中の借主等への連絡等の対応をとることになります。

（解説）
1　管理委託契約は、民法上の委任契約を基本とした混合契約といわれています。委任契約では、委任者の死亡は契約終了原因となっており、相続が発生しても相続人は当然に管理委託契約を引継ぎません。相続人との間で改めて管理委託契約を締結しなければ、当該物件の管理業務は終了することになります。
2　契約関係が終了した場合、その終了に伴う事務内容は、基本的には個々の契約内容に基づき決定されますが、法律上一般的に要求される事務として、以下の3つの事務があります。

> ①　まず、受託事務につき遅滞なくその経過および結果を報告しなければなりません（民法645条）。とくに賃貸管理業務は、個々の建物のハード面（建物維持管理面）にかかる事項、個々の借主との間のソフト面（契約関係面）にかかる事項など、業務内容が多岐にわたりますので、具体的かつ明確に、書面等で報告をすることが求められます。

> ②　また、預り賃料や敷金など、委託事務を処理するうえで受け取っていた金銭その他のものを貸主に引き渡す必要があります（民法646条）。また、委託事務を処理するうえで自己の名前で第三者に対し取得した債権についても、貸主に移転されます。したがって、それが債権であれば、債権譲渡の手続きをする必要もあります。
> ③　さらに、委託事務処理に当たって預かった物件や賃貸借契約に係る書類等のすべてを貸主に引き渡すことが必要です。なお、この書類等の引渡しは、仮に後任業者が決定し、ただちに業務が継続開始される場合には、貸主の承諾のもと、直接に後任業者に引き渡すことも可能です。

3　これらの業務は、相続人が1人の場合はその者との間で進めればよいのですが、相続人が複数いて、いまだ遺産分割協議がなされず、遺言もない場合には、賃貸物件の貸主の地位も相続人全員の共有関係となり、相続人全員が貸主となることから、事務処理が困難となる場合があります。したがって、相続人の側で早急に協議をしてもらい、当該物件の相続人を特定するか、少なくとも貸主代表者を特定してもらって専らその者との間で契約上の対応を協議する体制にしておくようにします。

Q-3

ひとつの物件のみを管理の対象とする管理委託契約を締結していたところ、その対象物件が自然災害によって滅失してしまいました。この場合、管理委託契約関係はどのように扱われますか。

A

　管理委託契約が滅失した建物のみを対象としている場合には、客体が消滅したことにより委託業務を遂行することができなくなることから、原則として終了することになります。新たに賃貸物件が再築された場合には、改めて管理委託契約を結ぶことになります。

（解説）
1　管理委託契約は、民法上の委任契約を基本とした混合契約といわれています。委任契約の終了原因としては、民法上は、委任者または受任者の死亡等の人的要素のみがかかげられているところです。しかし、賃貸物件の管理委託契約は、管理の対象となる物件が存在していることが当然の前提となっているわけですから、自然災害によってその対象がすべてなくなった場合には、委任の目的である管理業務の遂行が不能となることから、管理委託契約も終了することになります。仮に貸主が賃貸物件を再築した場合でも、管理委託の対象は異なりますので、改めて再築建物を対象とする管理委託契約を締結する必要があります。
2　また、管理委託契約の中に、建物管理といったハード面の管理のみならず、賃貸契約管理業務も含まれている場合には、賃貸借契約の終了（目的物が滅失したことから、賃貸借契約も終了します）に伴う明渡し業務や敷金清算業務を行うことが必要となり、それらの業務が終了してはじめて管理委託契約関係が終了することになります。
3　なお、管理委託契約の終了に伴って、事務処理状況の報告、預り賃料や敷金など委託事務を処理するうえで受け取っていた金銭その他のものの貸主への引渡し、委託事務処理に当たって預かった物件や賃貸借契約

に係る書類等の貸主への引渡しが必要となることにも注意しましょう。

Q-4

自然災害によって屋根瓦が破損し飛ばされ、それが敷地内駐車場内の借主所有の自動車にあたって、当該自動車が破損しました。この場合、管理業者に責任が生じることがありますか。

A

屋根瓦の点検補修管理が管理業者の業務であって、破損が自然災害だけでなく当該管理に過失があったこととあいまって発生した場合には、損害に対する寄与度に応じて責任を負うことがあります。

(解説)
1 仮に自然災害によって生じた事故であっても、建物等の管理に問題があり、自然災害と建物等の管理上の問題の2つの原因が競合して一定の結果が生じた(管理上の問題がなければ生じた結果は異なったはずだ)ということになれば、損害に対する管理上の問題と自然災害の寄与の度合いに応じて、管理業者にも責任が生じる場合があります。
2 ただし、管理業者は、建物所有者・貸主との間の管理委託契約に基づき管理業務を行うところ、仮に管理上の問題があってそのことを原因として第三者の財産等に損害が生じた場合でも、債務不履行または不法行為に基づく損害賠償の問題となり、管理業者には、当該管理業務が管理委託契約によって管理業務の対象となっていたこと、当該管理業務を遂行するうえで当然に要求される注意義務を怠っていたなどの過失があること、の2点が要求されます。この点は、建物所有者が負う工作物責任とは異なるところです。
3 したがって、質問のケースでも、屋根瓦の管理が管理委託契約によって管理の対象となっていること、管理が不十分なため、自然災害とあいまって破損し、または破損が拡大したことなどの事情があれば、管理業者として応分の責任を負うということになります。
4 なお、管理業者は、管理委託契約の内容に応じ貸主に対し情報提供お

よび助言を行うことが善管注意義務のひとつとして認められます。屋根瓦の維持・保全が管理業者の管理業務に含まれていない場合でも、たとえば建物の日常清掃業務が管理業務とされているときに、清掃等の際に何らかの問題が判明していたのであれば、その旨を貸主に対し情報提供をし、然るべき対応をとるよう助言すべきであったと評価されることがあります。管理義務の遂行に当たっては、業務内容に応じ、日ごろから、安全性の確保に係る情報提供および助言に努めておくことが望ましいでしょう。

第5　被災者等支援のために行う賃貸借

Q-1
被災した者に対し一定の期間、無償で住宅を提供することを予定しています。この場合、どのような契約形態にすればよいでしょうか。

A
　無償で貸すということであれば使用貸借契約を結ぶことになります。この場合、賃貸借契約とは異なる点がありますので、当事者に対しその点を説明して理解を得たうえで契約をすることが大切でしょう。

（解説）
1　無償で建物を貸す場合の契約形態は、民法上は、「使用貸借契約」となります。この場合、借地借家法の適用はなく、民法の定めに基づき契約関係が律せられます。
2　民法上、建物の使用貸借契約に関し、以下の規定が設けられています。

> ①　借主が用法遵守義務に違反した場合には解除することができます（民法593条1・3項）。
> ②　物件を第三者に使用させる場合には貸主の承諾が必要であり、承諾なしに物件を第三者に使用させた場合には、解除ができます（同条2・3項）。
> ③　物件の維持保全に必要な費用（必要費）は借主が負担します（594条1項）。
> ④　契約で終了時期を定めた場合には、その時期の到来により契約は終了します（597条）。使用貸借契約には借地借家法は適用されませんので、法定更新などはありませんし、貸主側から更新を拒否する

場合に正当事由も要求されません。
　⑤　借主が死亡した場合には当然に契約は終了し、相続は発生しません（597条）。
　⑥　使用貸借契約も継続的契約関係であるため、契約の解除に当たっては信頼関係の破壊が要求されますが、使用貸借の場合、当事者間の高度の人的関係を基本としていますので、契約違反行為があれば信頼関係の破壊が推定されるものと考えられます。

3　なお、質問の要請に応える方法としては、ほかに賃貸借契約としつつ、賃料を免除するという方法も考えられますが、その場合には、通常の建物賃貸借と同様、借地借家法の適用があることに注意が必要です。

Q-2

被災した者に対し、住宅を賃貸することを予定しています。賃料については、一定期間は無償とするが、その後は通常の賃料の支払いを求めるという契約条件にしたいと考えています。この場合、契約でどのような取決めをすればよいでしょうか。また、一定期間は低額の賃料とする場合はどうでしょうか。

A

賃貸借契約を締結し、賃貸条件として本来の賃料を設定しつつ、一定の期間はその賃料を全部または一部免除するという方法が考えられます。

（解説）
1　物件の貸借に当たり賃料の取決めをすることから、この契約は建物賃貸借契約となります。

　そして、質問前段のように、一定の期間は賃料をゼロとしつつ、当該期間経過後は賃料の支払いを義務づけるという場合には、将来の賃料額を契約条件として定めたうえで、一定の期間に限り賃料を免除するという特約を付けるという方法が考えられます。

　この場合、賃料の免除期間も建物賃貸借となりますから、借地借家法の適用があります。

2　なお、同様の取扱いは、一定期間は使用貸借とし、一定期間経過後に賃貸借に移行するという特約をすることでも可能です。ただしこの場合、期限の前後で「使用貸借」と「賃貸借」という2つの別個の契約関係に分かれ、使用貸借は賃貸借とは異なり借地借家法の借主保護の規定は適用されないことなどから、とくに使用貸借契約中の取扱いにつき、当事者に十分に理解してもらって契約することが望まれます。

3　また、質問後段の場合には、当初から賃貸借契約ということになり、それ以外の選択肢はありません。そして、一定期間は賃料を低額とする場合には、賃貸条件として、将来の賃料額を契約条件として定めたうえ

で、一定の期間に限り賃料の一部を免除するという特約を付けるという方法や、ある特定の時点の前後で賃料を2段階に分けるという方法が考えられます。

Q-3

被災した者に対し住宅を賃貸することを予定していますが、敷金やその他の一時金の授受を取決めることはできますか。また、契約時の負担をおさえるため、一定期間経過後に敷金その他の一時金を入れてもらうようにする契約は可能でしょうか。

A

　賃貸借契約において、敷金その他の一時金の授受をすることは、当事者間の合意があれば可能です。借主側の事情も斟酌して対応を検討することになります。なお、敷金の授受の時期を猶予するということも可能ですが、貸主の立場からは、結果的に期限までに授受ができなかった場合の対応（解除など）を検討しておくことも必要となります。

（解説）
1　敷金やその他の一時金については、その内容や手続き等において、公序良俗に反したり、消費者契約で、信義則に反して消費者である借主に一方的に不利益でない限り、当事者間の合意があれば授受は可能です。ただし敷金その他一時金は、契約時の初期費用の負担の問題であり、借主側に十分に酌むべき事情がある場合には、貸主側からも一定の配慮を検討することが考えられます。
2　また、敷金その他の一時金について、当事者間の合意により、一定の猶予期間経過後に授受をするという取決めも、契約自由の原則から認められます。
3　ただしこの場合に問題となるのは、当該期限において結局当該金員の授受がなされなかった場合に、契約関係はどのようになるのかという点です。
　まず、敷金については、賃貸借契約における借主の債務の担保として重要であることから、敷金の授受が賃貸借契約の成立存続の前提とされ、そのことを当事者が認識していれば、契約に定めた敷金の授受の時

期において敷金が入れられていない場合には、契約違反行為として、契約の解除も可能であると考えられます。ただし、これに対しては、連帯保証人が立てられない場合の代担保の提供を認める民法の取扱い（民法450・451条）を類推して、別な形での担保の提供（連帯保証人を新たに付けるなど）があれば、契約の存続の方向で検討することが考えられます。

一方、その他の一時金については、その趣旨を踏まえ、賃料の一部前払いなどのように、契約関係の成立存続の前提となっているかどうかによって判断が分かれるものと考えられます。ただし、いずれにしても、借主側の事情も十分考慮して対応を検討することが考えられます。

民法450条（保証人の要件）
　債務者が保証人を立てる義務を負う場合には、その保証人は、次に掲げる要件を具備する者でなければならない。
　一　行為能力者であること。
　二　弁済をする資力を有すること。
2　保証人が前項第二号に掲げる要件を欠くに至ったときは、債権者は、同項各号に掲げる要件を具備する者をもってこれに代えることを請求することができる。
3　前2項の規定は、債権者が保証人を指名した場合には、適用しない。

民法451条（他の担保の供与）
　債務者は、前条第1項各号に掲げる要件を具備する保証人を立てることができないときは、他の担保を供してこれに代えることができる。

Q-4

借り希望者が、住民票など必要書面が用意できない場合であっても、契約を締結することはできますか。

A

契約時に用意される住民票は、本人確認のための資料であり、他の必要書面も、それぞれの目的があります。他の資料でそれぞれの目的が達せられる場合には、賃貸借契約を締結しても問題はないと考えられます。

（解説）
1 通常、賃貸借契約を締結する場合、借主に対し必要書類の提示を求めます。ただし絶対にその書類でなければならないというわけではなく、それぞれの書類の提示にはそれぞれの目的があり、他の資料で同一目的が達成できるのであれば、他の資料で代替することによって、契約を締結しても問題ありません。
2 たとえば住民票は、本人確認のための資料です。それ以外に、免許証や健康保険証などで本人確認ができるのであれば、それで代替することができます。
3 また、印鑑証明書は、契約書に押される印影が、実印によるものであることを証明するものです。
　しかし、必ずしも契約書への押印は実印でなければならないというわけではありません。
　そもそも契約書に押印する意味は、契約書に押された印影の印鑑の所持人が当該契約書記載の内容の意思表示をしたことを証明するという点にあります（裁判では、書面に印影があればその印鑑の所持人の意思表示であることが推定されるという取扱いになっています）。その印影が実印であり印鑑証明書も添付されていれば本人以外が勝手に印鑑を押した可能性はより一層少なくなり、上記推定力が高まるということで、重要な取引等については実印が要求されるのです。したがって、印鑑証明

第1部　自然災害（震災）と賃貸借契約Q&A　67

書がなくても、本人確認をしっかりと行い、契約書にその本人が署名し押印したことを記録等に残すことによって、同様の目的は達成できますので、必ずしも印鑑証明書がなくても、契約をすることは可能でしょう。

4 その他の必要書類についても、それぞれの目的に従い、代替の措置がなされているかを確認したうえで、契約を締結してただくことになります。

Q-5

持ち家が自然災害により損傷し、修繕等が必要となったため、当該修繕工事の間など一時的な仮住まいが必要となった者に対し物件を貸すことを予定しています。ただし、あくまでも仮住まいとしての提供であって、修繕工事等が終了するなどの期限の到来により契約が確実に終了することとしたいと考えています。この場合、どのような契約形態にすればよいでしょうか。

A

一時使用目的の建物賃貸借契約をすることが考えられます。また、仮住まいの期間が特定されているのであれば、定期建物賃貸借契約にすることも検討されてはいかがでしょうか。

（解説）

1　質問のように、もともと居住していた物件などの修繕や建替えに伴い、その期間だけ一時的な仮住まいとして物件を賃貸する場合、普通建物賃貸借契約を結びつつ、契約条件で、期限の到来により契約は当然に終了し、更新は認めないと規定しても、借地借家法上そのような特約は、法定更新制度を否定した借主側に不利な特約として無効とされますので、「修繕工事等が終了するなどの期限の到来により契約が確実に終了する」という目的は達せられません。

したがって、このような場合の契約形態としては、まずは一時使用目的の建物賃貸借契約をする方法が考えられます。

2　一時使用目的の建物賃貸借契約とは、借地借家法40条に基づき、「一時使用目的のために建物を賃貸したことが明らかな場合」には、借地借家法上の諸規定は適用されないと取り扱われる契約形態です。具体的には、法定更新（借地借家法26条）の制度が適用されないこと、貸主からの解約申入れや更新拒絶の際の正当事由（同法28条）が不要であることなどから、期間の満了によって契約が終了することになります。

一時使用目的の建物賃貸借契約であるか否かは、「賃貸借契約を短期間に限り存続させる趣旨」、いいかえれば、「長期継続が予期される通常の賃貸借契約をしたものではない」ことが「客観的に」判断される必要があります。質問のケースでは、もともとの住まいが別にあり、修繕工事等が終了すればそこに戻ることから、仮住まいとしての契約であって契約の継続を前提としたものではなく、客観的に見ても一時使用目的であることが明らかです。

3　また、仮住まい期間が特定できるのであれば、借地借家法38条の規定に基づき定期建物賃貸借とすることも考えられます。定期建物賃貸借も、期間満了によって契約は終了し、更新はありませんので、仮住まいとしての利用のように、契約関係の継続を前提としない場合に適した方法だといえましょう。ただし、定期建物賃貸借の場合は契約期間を特定しなければなりませんので、「持ち家の工事が完了するまで」といった不確定な期限を定めることはできない点に注意が必要です。

Q-6

ひとつの物件について、複数の者（世帯）の住居として賃貸する場合、どのような契約形態にすればよいでしょうか。

A

建物賃貸借の目的物であるひとつの建物やひとつの部屋を、複数の者が、家賃等を負担しあって共同して居住し使用する形態の場合の賃貸借契約としては、

① 入居者のうちの1人が借主となり、その他の入居者は、契約当事者ではなく同居人とする方法
② 入居者全員を借主とする方法

の2つが考えられます。

（解説）
1 まずは上記①の入居者のうちの1人が借主となり、その他の入居者は契約当事者ではなく同居人とする方法ですが、借主以外の入居者は契約当事者ではありません。

　したがって、賃料の支払いその他の賃貸借当事者としての責務はすべて借主とされた1人が負うということになります。他の入居者は借主ではありませんから、借地借家法の保護は与えられません。したがって、借主の債務不履行によりその契約が終了すれば、他の入居者はその物件を引き続き使用することはできませんので、当然、物件の明渡しをしなければなりません。

　この方法は、法律関係が明確であり、基本的に、通常の賃貸借契約と異なるところはありません。実際の管理に当たっても窓口は借主1人であり、各種の通知や法律行為などは簡便ですので、賃貸借契約・管理の立場からは簡明な取扱いといえます。ただし、借主以外の入居者は契約当事者とはならないため、借主が賃料を支払わない場合でも、他の入居

者に直接請求することはできず、賃料債権確保の観点からは注意が必要です（この場合、同居人を連帯保証人とすることも考えられます）。

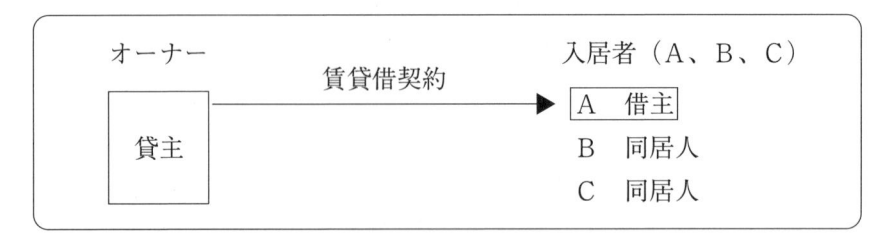

```
オーナー                          入居者（A、B、C）
          賃貸借契約
 ┌──┐                          ┌──────┐
 │貸主│ ──────────▶             │ A  借主 │
 └──┘                            B  同居人
                                 C  同居人
```

2　つぎに、上記②の入居者全員を借主とする方法ですが、ひとつの物件につき借主が複数いて、その複数の借主が賃借権を準共有することになりますので、賃料債務（貸主からみれば賃料債権）は性質上、当然に「不可分債務」になると解されています。

　不可分債務には連帯債務の規定が準用され（民法430条）、貸主は、借主の1人に対し、または同時にもしくは順次にすべての借主に対し、賃料の全部または一部の履行を請求することができます（民法432条）。

　また、借主の1人について生じた事由（時効消滅、特定の借主に対する債務免除等）は他の借主には影響しませんので、貸主は引き続き他の借主に対して賃料等の支払いを全額請求することができます（相対効の原則といわれます。民法430条・429条）。

　ただし、すべての入居者が借主として契約当事者になることから、各種手続きや管理の実施に当たり、原則としてすべての借主に対して行う必要があるなど、事務が煩雑になる点は注意が必要です。

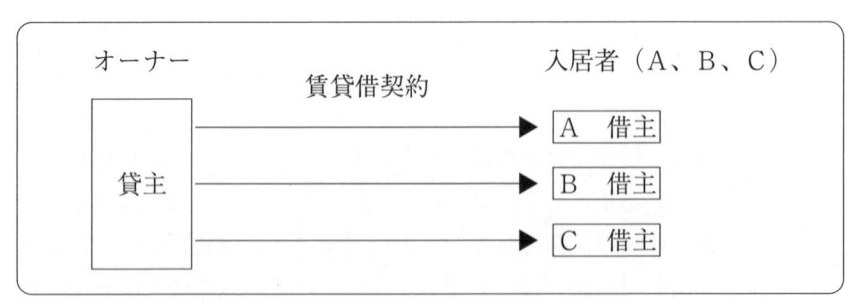

```
オーナー                          入居者（A、B、C）
          賃貸借契約
 ┌──┐ ─────────────▶            ┌──────┐
 │   │                           │ A  借主 │
 │貸主│ ─────────────▶            ┌──────┐
 │   │                           │ B  借主 │
 └──┘ ─────────────▶            ┌──────┐
                                 │ C  借主 │
                                 └──────┘
```

3 いずれの方法も一長一短があり、契約締結時や管理実施の際には、通常とは異なる取扱いが必要となることがあります。必要に応じ専門家の意見も踏まえてどのように対応すべきかをあらかじめ検討しておくことが大切でしょう。

民法430条（不可分債務）
　前条の規定及び次款（連帯債務）の規定（第434条から第440条までの規定を除く。）は、数人が不可分債務を負担する場合について準用する。

民法429条（不可分債権者の一人について生じた事由等の効力）
　不可分債権者の一人と債務者との間に更改又は免除があった場合においても、他の不可分債権者は、債務の全部の履行を請求することができる。この場合においては、その一人の不可分債権者がその権利を失わなければ分与される利益を債務者に償還しなければならない。
2　前項に規定する場合のほか、不可分債権者の一人の行為又は一人について生じた事由は、他の不可分債権者に対してその効力を生じない。

Q-7

すでに賃貸借中の物件に、貸主の承諾を得て、その借主の友人が自然災害のあった地域から避難して同居をしています。この場合、賃貸借契約上、あるいは管理上で、何か特別な対応をする必要がありますか。

A

基本的には同居人の追加ということで、もともとの借主との間の賃貸借契約における同居人の取扱いに則して対応すればよいでしょう。ただし、物件の利用上の留意点などについては、借主および同居人に注意喚起しておくことが大切です。

(解説)

1　物件のもともとの入居者に加え、他の者が継続的に物件を居住・利用する関係になったときは、基本的には「同居人の追加」と考えられます（ただし、他にも賃借権の一部譲渡や一部転貸として考えることもできますが、特別な場合を除きそのような権利の構成はあまり意味はありませんので、本稿では割愛いたします）。

2　したがって、もともとの借主との間で結ばれている賃貸借契約上の条件に従って対応することになります。たとえば、賃料の支払いについては、引き続き借主がその義務を負いますし、借主への通知連絡等についても、もともとの借主に対し行うことになります。

3　ただし、同居人の追加の場合の届出義務などを契約上定めているケースでは、当該手続きを履行してもらうことが必要です。同居人の追加は、建物や設備への影響、他の借主との関係、共用部分の使い方などに変更が生じる可能性がありますので、賃貸管理においては重要です。

　また、借主は、同居人に対し賃貸借契約の内容に従い物件を利用させなければならず、同居人に物件の利用上のルールに反する行為などがあった場合には、賃貸借契約上の義務違反行為となります。したがって、物件の利用に当たっては、新たに同居人になった者に対しては当該

ルールを遵守する旨を誓約させるとともに、借主に対しても同居人の契約違反行為が借主の債務不履行につながることを改めて理解してもらうことが大切です。

第2部

自然災害(震災)とマンション管理Q&A

Q-1

自然災害によって大規模滅失（建物の価額の2分の1を超える部分が滅失）したマンションについて、復旧工事を行う場合、どのような手続きが必要となりますか。

A

区分所有法では、このような大規模滅失において、復旧の決議をする場合には、区分所有者および議決権の各4分の3以上の多数によることとされています。復旧決議がなされた場合、決議に賛成しなかった区分所有者は、決議賛成者に対し区分所有権の買取りを請求することができます。また、その大規模滅失から6か月以内に復旧や建替えについて何らの決議がなされない場合には、区分所有関係の解消を図る方法が用意されています。

（解説）
1. 区分所有建物の一部に滅失があった場合、区分所有法では、大規模滅失（建物の価格の2分の1を超える部分の滅失）と小規模滅失（建物の価格の2分の1以下に相当する部分の滅失）とに分けて、集会の決議でその復旧を決することができることとしています（区分所有法61条）。
2. 質問のケースは大規模滅失に当たりますので、復旧決議の手続きは、以下のようになります。
    ① 復旧の手続き

    大規模滅失の場合、集会において、滅失した共用部分を復旧する旨の決議をすることができます。ただし、この場合は復旧に多大の費用を要することが考えられますし、復旧ではなく建替えの方法をとるべきであるとか、そもそも区分所有関係の解消をすべきであるとする者も少なからずいる場合があると考えられます。このような立場の区分所有者にも配慮する必要があるため、大規模滅失の場合の復旧決議では、区分所有者および議決権の各4分の3以上の多数によらなければ

ならないとされているのです（同法61条5項）。
② 復旧決議の議事録

復旧の決議をした議事録には、一般の記載事項（同法42条2項）※のほか、その決議についての各区分所有者の賛否をも記載（書面）し、または記録（電磁的記録により作成）しなければなりません（同法61条6項）。

> ※ 議事録には、議事の経過の要領およびその結果を記載し、または記録しなければなりません。

③ 買取請求の相手方および方法

また、①と同じ理由から、復旧決議に反対した者と決議に参加しなかった者（これらの包括承継人）は、決議賛成者の全部または一部に対し、建物およびその敷地に関する権利を時価で買い取るべきことを請求することができます（同法61条7項）。

3 なお、大規模滅失の場合において、上記の復旧の決議もされず、また、建替えの決議もされないときは、このような状態を打開するためには、最終的には区分所有関係を解消するほかありません。したがって、区分所有法は、その滅失の日から6月以内（滅失の原因となった自然災害が政令によって被災区分所有法の適用がある場合には、政令施行の日から1年以内）にこれらの決議がされないときは、各区分所有者は、他の区分所有者に対し、建物およびその敷地に関する権利を時価で買い取るべきことを請求することができます（同法61条12項）。

Q-2

自然災害によって大規模滅失（建物の価額の2分の1を超える部分が滅失）したマンションについて、復旧の決議がなされましたが、決議に賛成しなかった者にはどのような保護が与えられますか。

A

大規模滅失をしたマンションについて復旧の決議がなされた場合、復旧に賛成しなかった区分所有者は、決議賛成者に対し、区分所有権等の買取りを請求することができます。

（解説）

1　大規模滅失をしたマンションについて復旧の決議がなされた場合、復旧に賛成しなかった区分所有者は、決議賛成者の全部または一部に対し、建物およびその敷地に関する権利を時価で買い取るべきことを請求することができます（区分所有法61条7項）。

2　この買取請求の前に、復旧の決議から2週間以内に決議賛成者全員の合意により「買取指定者」[※1]が指定されている場合には、復旧に参加しない者は、その買取指定者に対してのみ買取請求をすることができます（法61条8項）。

　　※1　この「買取指定者」は、一定の資力のある関係者以外の第三者も認められており、通常はマンション分譲会社、デベロッパー等がなるケースが多いようです。

　また、買取指定者の指定がない場合には、決議賛成者の全員に対し、たとえば管理組合の理事長1人または理事数名のように賛成者の一部の者に対し、買取請求をすることができます（なお、この場合、買取請求を受けた者は、買取りをしないで、その請求の日から2月以内に、他の決議賛成者の全部またはその一部に対し、その共有部分の持分割合に応じて買取請求をすることもできます（法61条7項））。

3　買取請求権は、いわゆる形成権[※2]であって、その請求権の行使によって直ちに当事者間に売買契約が成立し、相手方は、請求権行使者の有す

る建物およびその敷地に関する権利を取得するとともに、時価による売買代金の支払い義務を負いますが、その代金債務を直ちに弁済させることが相当でない場合もあるので、裁判所は、償還請求を受けた区分所有者の請求により、代金の支払いにつき、相当の期限を許与することができるとされています（法61条13項）。

　※2　権利者の一方的な意思表示によって一定の法律関係を発生させる権利のことをいいます。

Q-3

自然災害によって小規模滅失（建物の価額の2分の1以下の部分が滅失）したマンションについて、復旧工事を行う場合、どのような手続きが必要となりますか。

A

小規模滅失の場合において、復旧の決議をする場合には、区分所有法上の普通決議（区分所有者および議決権の各過半数）によることになります。

（解説）
1 　小規模滅失の場合には、集会の決議により、滅失した共用部分を復旧することができます（区分所有法61条3項）。この決議要件は、区分所有法の普通決議によってなされます。
2 　この復旧決議がなされると、区分所有者全員で（団体として）その復旧を実行することとなりますが、実際には、管理者がその職務に関し区分所有者を代理してこれを実行します（同法26条1項・2項前段）。また、その復旧工事に必要な費用は、原則として持分（共用部分の持分の割合）に応じて各区分所有者が負担することになっています。
3 　ところで、各区分所有者は、滅失した自己の専有部分のみならず、共用部分も復旧する権利を有していますが、集会で共用部分の復旧の決議がなされると、共用部分については、各自でもって復旧に着手することができなくなります（同法61条1項）。ただし、決議前に区分所有者がすでに復旧に着手していれば、その後、復旧の決議があったとしても、その区分所有者がそのまま復旧工事を完成させることができます。

　しかし、この例外に対しては、決議の当時、復旧工事が完成に近い状態にある場合や工事の性質上途中で中断することができないような場合に限定されるべきではないかとする見解もあるところから、実際問題としては、そのような限定された状況以外は、復旧の決議があったときも

その決議で定める復旧方法等に拘束される場合もあると考えられます。

Q-4

自然災害によって全壊したマンションについて、再建の決議をする場合、どのような手続きが必要となりますか。

A

　政令により当該自然災害が被災区分所有法（被災区分所有建物の再建等に関する特別措置法（P.132～135参照））の適用がある旨が指定された場合には、もとの建物区分所有者であるところの敷地共有者による集会で、その議決権の5分の4以上の多数により再建の決議をすることができます。しかし、同法の適用がない場合には、敷地共有者の全員一致の決議が必要となります。

（解説）
1　区分所有法では、マンションの建物が一部滅失した場合には、その程度により、復旧（区分所有法61条）または建替え（同法62条）の方策が法的に措置されています。しかし、建物が全部滅失した場合には、区分所有法関係は消滅し、その敷地の所有権の共有関係または借地権等の準共有関係のみが存在することになりますので、区分所有法の適用の対象外となり、区分所有者は単に敷地の共有者または準共有者になるだけになります。したがって、従前の敷地にマンションを再建することは共有物の変更に該当し、共有者または準共有者の全員の同意が必要となります（民法251条、264条）。
2　ただし、大規模な火災、震災その他の災害で政令で定めるものによりマンションの建物全部が滅失した場合には、当該建物の再建等を容易にすることなどの観点から、「被災区分所有建物の再建等に関する特別措置法」（平成7年法律第43号。以下「被災区分所有法」という）が制定されています。被災区分所有法の適用があれば、敷地共有者（もとのマンションの区分所有者）の集会において「敷地共有者等」の議決権の5分の4以上の多数により、区分所有建物の再建を決議できることになり

第2部　自然災害（震災）とマンション管理Q&A　85

ます。
3 なお、「建物の滅失」とは、物理的に建物が滅失した場合だけでなく、社会的、経済的にみて、建物全体としての効用が失われた場合を含むと解されています。したがって、建物の損傷の内容、程度、用途、復旧の費用等を検討して滅失といえるかどうかを判断することも必要です。

Q-5

被災区分所有法の適用がある自然災害によって全壊したマンションについて、再建の決議をする場合の具体的な手続きはどのようになりますか。

A

集会の運営は通常の集会と同じですが、議決権割合や招集権者などについては特別な取扱いとなります。

（解説）
1 被災区分所有法（P.132～135参照）の適用がある自然災害等によって全壊したマンションを再建するためには、もとの建物区分所有者であるところの「敷地共有者等」による集会で、その議決権の5分の4以上の多数により再建の決議をすることになります。
2 この再建の集会における再建の決議の取扱いは、つぎのようになります。
　(1) 再建の集会における議決権の割合
　　再建の集会において敷地共有者等が各自行使する議決権は、敷地共有持分等の価格の割合によります（被災区分所有法2条2項）。
　(2) 再建の集会の招集権
　　再建の集会は、議決権の5分の1以上を有する敷地共有者等が招集することができるとされています（同法2条3項）。マンションの全壊により区分所有者の団体（管理組合）が存在しなくなっているので、管理者には招集権はありません。
　(3) 再建の集会の運営
　　再建の集会における招集の手続き、議事、議決権の行使、議事録の作成、議事録の保管、閲覧、書面決議等は、区分所有法に定めのある通常の総会の運営手続きのままです（同法2条4項）。
　(4) 決議要件

再建の集会においては、「敷地共有者等」の議決権の5分の4以上の多数で、再建を決議することができます（同法3条1項）。
(5) 再建の決議の集会とその効力
　　　再建の決議の後に敷地共有持分等の一部が譲渡されても、その譲受人は、再建の決議によって拘束されることになります。
(6) 再建決議における決議事項
　　　再建決議においては、つぎの事項を定めなければなりません（法3条2項）。

> ① 新たに建築する建物（以下「再建建物」という）の設計の概要
> ② 再建建物の建築に要する費用の概算額
> ③ 再建建物の建築に要する費用の概算額の分担に関する事項
> ④ 再建建物の区分所有権の帰属に関する事項

(7) 集会の議事録
　　　再建の決議をした集会の議事録には、その決議についての「各敷地共有者等」の賛否をも記載し、または記録しなければならないとされています（同法3条4項）。
3　なお、再建決議は、マンションの滅失に係る自然災害につき被災区分所有法を適用する旨を定める政令が施行された日から起算して「3年以内」にしなければなりません（同法3条5項）。
　　　また、再建の決議があった場合、決議に賛成しなかった敷地共有者等に対し、敷地共有持分等に対する売渡請求権を行使することができるとされています（同法3条6項）。

Q-6

自然災害のために共用部分に損傷が生じた場合、その修繕は管理組合が行うのでしょうか。また、その費用はどこから拠出するのでしょうか。

A

共用部分は、区分所有者全員の共有に属し、その修繕等は管理組合が行うことになります。標準管理規約では、自然災害等によって損傷した場合の修繕費用は、「不測の事故その他特別の事由により必要となる修繕」として、修繕積立金を取り崩して対応することができるとされています。

（解説）
1　マンションの共用部分は、原則として全区分所有者の共有に属します（区分所有法11条1項）。そして、規約に別段の定めがない場合には、各区分所有者がその持分に応じて負担に任ずることとされています（同法19条）。もちろん各区分所有者がそれぞれ持分相当分をその負担により補修するということも考えられないわけではありませんが、区分所有者は、全員で管理組合を構成し、建物等を管理するわけですから、実際には、当該修繕は管理組合として行うことになります。
2　管理組合が修繕を行う場合、その費用は、管理規約の定めに従い拠出します。

　　ちなみに国土交通省が作成・公表しているマンション標準管理規約では、区分所有者が共用部分等を管理するために拠出が義務づけられる費用を「管理費」と「修繕積立金」に分け、通常の管理に要する費用については管理費から充当されることとしていますが、「不測の事故その他特別の事由により必要となる修繕」については修繕積立金から取り崩すことができることになっています。自然災害による共用部分の損傷は、「不測の事故その他特別の事由」に該当しますので、この場合の費用は修繕積立金から拠出することができます。また、この費用を借入で賄っ

たときは、その償還についても、修繕積立金から充当することができます。
　以上のように、費用の取扱いについてはそれぞれの管理規約により対応することになりますが、規約に明確な定めがない場合には、総会での決議により対応することになります。
3　なお、当該修繕が、修繕積立金等では賄いきれない場合には、当該費用に充てるための追加の負担を各区分所有者に求めることになります。この場合の負担割合は、規約に別段の定めがないときは、各区分所有者の持分（同法14条）に応じることになります。

Q-7

自然災害のために、住戸部分や、バルコニーなどが損傷しました。この場合、その修繕は誰の負担で行うのでしょうか。また、この際にサッシ等をより防犯性などの高いものに付け替える場合には、区分所有者が単独で行うことができますか。

A

　自然災害であっても、専有部分の修繕は各区分所有者の負担になります。バルコニーは共用部分であり、それと接する住戸の区分所有者に専用使用権が設定されていますが、質問のケースは通常の使用に伴う損傷ではないため、管理組合の負担となります。なお、サッシ等について修繕ではなく「改良」をする場合には、原則として管理組合が計画修繕の中で対応しますので、区分所有者が単独では行えません。

（解説）
1　専有部分は各区分所有者の所有と管理に属するため、損傷が自然災害による場合であってもその修繕は各区分所有者が対応することになります。なお、国土交通省が作成・公表しているマンション標準管理規約では、専有部分である設備のうち共用部分と構造上一体となったものにつき、共用部分の管理と一体として行う必要がある場合には、管理組合が管理を行うことができるとされており（標準管理規約21条2項）、この場合には、管理組合が修繕等をすることになります。
2　バルコニーは共用部分ですが、標準管理規約では、そのバルコニーに面している住戸の区分所有者の専用使用権が設定されているものと扱います。そして、バルコニー等の管理のうち、「通常の使用に伴うもの」については、専用使用権を有する者がその責任と負担においてこれを行わなければならないとします（同21条1項）。ここで「通常の使用に伴うもの」とは、バルコニーの清掃や窓ガラスが割れたときの入れ替え等を指しますので（同条コメント）、自然災害によって損傷した場合には、

通常の使用に伴うものとはいえないため、共用部分の管理の原則に戻り、管理組合がその修繕等を行います。
3 　窓サッシ等につき、修繕（従前の状況まで戻す）の範疇を超え、この際防犯等の性能を高めるなどの趣旨で改良工事を行おうとする場合、それぞれの管理規約の定めに従うことになりますが、この点につき、標準管理規約では、マンション全体の問題としてとらえ、原則として、管理組合がその責任と負担において計画修繕として実施することとしています（同22条1項）。そして、管理組合がこの工事をすみやかにできないときには、細則を定めることで、その細則に従う限りにおいて、区分所有者が当該工事を区分所有者の責任と負担において実施することを認めています（同22条2項）。

　したがって、管理規約が標準管理規約の定めと同じである場合には、改良工事は、原則としては区分所有者が単独で行うことができません。管理組合においてすみやかに工事ができない場合であって、かつ、細則が定められている場合に限り、その細則に定める条件や設備の仕様などに則してのみ工事が可能となります。

Q-8

自然災害によってマンションの外壁の一部が剝離落下して、駐車してあった自動車が損傷した場合、管理組合として責任を負うのでしょうか。

A

落下した外壁の一部につき設置保存に瑕疵（通常有すべき安全性の欠如）があった場合には、自然災害による場合でも、損害に対する寄与の度合いに応じて管理組合（全区分所有者）に責任が生じる場合があります。

（解説）
1 マンションのような建物等の建築や管理に不備があり、安全性が欠如していたことによって他人に損害を及ぼした場合、被害を受けた者は、建物の所有者等に対し、その故意過失を主張立証して不法行為による損害賠償責任を問うこともできますが、建物のような土地上の工作物の設置保存の瑕疵（通常有すべき安全性の欠如）により損害が生じた場合には、「工作物責任」を問うこともできます。
2 当該責任が発生する場合、マンションの共用部分に瑕疵があるときは、共用部分は原則として全区分所有者の共有に属しますので（区分所有法11条1項）、全区分所有者がその持分に応じて責任を負担することになります。質問の外壁は法定共用部分ですので、その一部の落下等によって起こった事故による損害も区分所有者全員で負担しなければなりません。

なお、区分所有法9条は、建物の設置または保存に瑕疵があることにより他人に損害を生じたときは、「その瑕疵は、共用部分の設置又は保存にあるものと推定する」としています。つまり、マンションの建物等の瑕疵によって被害を被った者は、区分所有法9条に従い、それは共用部分の瑕疵に基づくものであるから全区分所有者が責任を負うと主張すれば足り、仮に区分所有者側が、その瑕疵は特定の区分所有者の専有部

第2部 自然災害（震災）とマンション管理Q&A 93

分等に存在するから自分は無関係であると主張する場合には、区分所有者の側で、その旨を主張立証しなければならないことにも注意が必要です。
3　以上が通常の場合における工作物責任の問題の取扱いですが、質問のケースは自然災害により生じた事故です。この場合、自然災害は不可抗力であるから責任は生じないといわれることがあります。しかし、過去の裁判例には、予想を超えた自然力が加わって発生した事故についても、建物の設置保存に瑕疵があり、その瑕疵と自然力とが競合することによって損害が生じた場合には、一定範囲で工作物責任が認められるとしたものが少なからずあることに留意しなければなりません（東京地裁　平成4年3月19日判決、神戸地裁　平成10年6月16日判決、神戸地裁　平成11年9月20日判決など）。
4　したがって、質問のケースについても、外壁タイルの設置保存に瑕疵（通行人等も含めた居住者等に対する通常有すべき安全性の欠如）があった場合、自然力と瑕疵が損害に寄与する度合いに応じて、工作物責任が発生する余地があります。落下した外壁の一部の設置保存に瑕疵があったかどうかを調査のうえ、対応を検討することになります。

Q-9

自然災害によって漏水事故が発生し、いくつかの専有部分に水が漏れて多大な損害が生じました。調査をした結果、排水管のたて管が老朽化し、腐食なども見られ、その点と自然災害とがあいまって、漏水したものと考えられます。この場合、管理組合や管理会社には、当該損害に対する責任が生じるのですか。

A

漏水が自然災害だけではなく、すでに排水管（たて管）の一部が腐食していたことなどとあいまって発生したと評価される場合には、管理組合には、土地上の工作物の所有者として一定範囲で損害賠償責任が生じうることになります。

また、排水管の点検補修管理が管理業者の業務であって、破損が自然災害だけでなく当該管理に過失があったことにも原因がある場合には、管理会社も損害に対する寄与度に応じて責任を負うことがあります。

（解説）
1 土地上の工作物の所有者は、工作物に瑕疵（通常有すべき安全性の欠如）があった場合、その瑕疵が原因となって生じた損害に対し、無過失の損害賠償責任を負います（民法717条）。
2 仮に自然災害によって生じた事故であっても、工作物にも瑕疵があり、自然災害と工作物の瑕疵の2つの原因が競合して一定の結果が生じた（工作物に瑕疵がなければ生じた結果は異なったはずだ）ということになれば、損害に対する瑕疵と自然災害の寄与の度合いに応じて所有者にも責任が生じます。
3 マンションの共用部分に瑕疵がある場合は、共用部分は原則として全区分所有者の共有に属しますので（区分所有法11条1項）、全区分所有者が持分に応じて責任を負担することになります。質問のケースは排水管に腐食等が見られたということですが、排水管のたて管部分は共用部

分にあたり、その腐食は「瑕疵」に該当するため、損害に対する寄与度に応じて一定の範囲で管理組合が責任を負うことになります。

4　また、同様に、仮に自然災害によって生じた事故であっても、建物等の管理に問題があり、自然災害と建物等の管理上の問題の2つの原因が競合して一定の結果が生じた（管理上の問題がなければ生じた結果は異なったはずだ）ということになれば、管理上の問題と自然災害が損害に対し与えた寄与の度合いに応じて、管理会社にも責任が生じる場合があります。

5　ただし、管理会社は、管理組合との間の管理委託契約に基づき管理業務を行うところ、仮に管理上の問題があってそのことを原因として第三者の財産等に損害が生じた場合でも、債務不履行または不法行為に基づく損害賠償の問題となり、管理業者には、当該管理業務が管理委託契約によって管理業務の対象となっていたこと、当該管理業務を遂行するうえで、当然に要求される注意義務を怠っていたなどの過失があること、が要求されます。

　したがって、質問のケースでは、排水管の管理が管理委託契約によって管理の対象となっていること、管理が不十分なため、自然災害とあいまって破損し、または破損が拡大したことなどの事情があれば、管理会社も応分の責任を負うということになります。

6　なお、管理会社は、管理委託契約の内容に応じ貸主に対し情報提供および助言を行うことが善管注意義務のひとつとして認められます。排水管の補修等が管理会社の直接の管理業務に含まれていない場合であっても、たとえば日常清掃業務が管理業務とされているときに、清掃等の際に何らかの問題が判明していたのであれば、その旨を管理組合に対し情報提供をし、然るべき対応をとるよう助言すべきであったと評価されることがあります。したがって、安全性の確保に係る情報提供等が適切に行われるような体制の構築が望まれます。

Q-10

自然災害で建物が損傷しましたが、以前からも建物等にひび（クラック）などが見られ、建物の構造等にも何か問題があるのではないかという懸念があります。この場合、設計・施工会社に対し何らかの法的責任を問うことはできるのでしょうか。

A

　建物の損傷が、自然災害だけではなく、すでに建物の構造等に問題があり、そのこととあいまって発生したと評価される場合には、建物に瑕疵を生ぜしめた者にも一定範囲で損害賠償責任が生じえます。

　そして、設計・施工上、建物としての基本的な安全性を欠く状況に至らしめていた場合には、設計者、施工者等にも不法行為責任が発生し、応分の責任を求めることができる場合があります。

（解説）
1　仮に自然災害によって生じた事故であっても、何らかの不法行為によって建物に瑕疵が生じており、その不法行為（その結果としての瑕疵）と自然災害の2つの原因が競合して一定の結果が生じた（不法行為がなければ生じた結果は異なったはずだ）ということになれば、不法行為（その結果としての瑕疵）と自然災害とが損害に寄与した度合いに応じて、不法行為をした者にも責任が生じます。
2　ところで、建物は、そこに居住する者、そこで働く者、そこを訪問する者等の様々な者によって利用されるとともに、当該建物の周辺には他の建物や道路等が存在しているから、建物は、これらの建築利用者や隣人、通行人等の生命、身体または財産を危険にさらすことがないような安全性を備えていなければなりません。このような安全性が、「建物としての基本的な安全性」と評価されます。

　そして、建物の建築に携わる設計者、施工者および工事監理者は、建物の建築に当たり、契約関係にない居住者等に対する関係でも当該建物

に建物としての基本的な安全性が欠けることがないように配慮すべき注意義務を負うとされます。

　したがって、設計・施工者等がこの義務を怠ったために、建築された建物に、建物としての基本的な安全性を損なう瑕疵があり、それにより居住者等の生命、身体または財産が侵害された場合には、設計・施工者等は、不法行為の成立を主張する者が上記瑕疵の存在を知りながらこれを前提として当該建物を買い受けていたなど、特段の事情がない限り、これによって生じた損害について不法行為による賠償責任が発生します（最高裁　平成19年7月6日判決）。

3　この考え方に立てば、質問のケースでも、1の考え方とあわせ、設計・施工者に対し、一定の範囲で責任を問える可能性があることになります。

　その後の下級審判決では、「建物の一部の剥落や崩落による事故が生じるおそれがある場合」もこれに該当するとしている例があります。

　ただし、「自然災害前に既にそのような状態であった」ということを立証することはなかなか難しいのが実情です。質問のように、すでにその懸念が生じていたのであれば、第三者による調査・点検等が行われていた可能性がありますので、そのような調査報告書などがあれば、内容を精査し、上記のような理由で、設計・施工者に対して一部責任を問うことが可能かを検討することになります。

Q-11

自然災害があったため、建物全体の保全状況等を確認する調査を行う予定です。当該調査の実施に当たっては専有部分内に立ち入ることが必要となりますが、一部にその立入りに応じない組合員がいます。どのように対応すべきでしょうか。

A

　建物全体の維持保全にとって必要な調査・点検等について、区分所有者が正当な理由なく拒否することは、共同利益背反行為（区分所有法6条）に該当するとともに、そのことによって調査・点検等がなされず、それによって二次災害が生じた場合には、その区分所有者個人の責任も生じうることになりますので、その点を説明し立入り承諾を説得すべきです。しかし、どうしても拒否する場合には、立入りを認める旨の仮処分手続きなどを検討すべきでしょう。

（解説）
1　予想を超えた自然力が加わって発生した事故についても、建物の設置保存に瑕疵があり、その瑕疵と自然力とが競合することによって損害が生じた場合には、一定範囲で工作物責任が認められる場合があります。
2　とりわけ大きな自然災害があった際には、マンションの建物躯体構造部分や設備、外壁等に何らかの影響が生じている可能性は否定できません。そのような状態を正当な理由なく放置していたところ、別な事象によって、弱くなっていた建物等の一部に損傷が生じ、第三者に損害が生じた場合には、管理組合としての責任の寄与度はより大きくなるものと考えられます。
3　したがって、自然災害があった後に、建物全体の調査・点検等をすることは、建物等の設置保存に瑕疵がないようにするために必要不可欠な対応であり、そのような調査・点検等を正当な理由なく一部の区分所有者が拒否した場合には、建物等の維持保全、区分所有者のリスク回避と

いう共同の利益に反する行為とみなすべきでしょう。

　ちなみに標準管理規約では、調査・点検等のための立入りを正当な理由なく拒否することはできない旨を規定しています（標準管理規約23条）。管理組合の管理規約に同様の規定があれば、その区分所有者は規約違反行為をしていることになり、端的に、規約に基づく責任を問うことも可能です。

　また、一部の区分所有者の点検等の拒否によって必要な修繕等が行われないままの状態で、余震などによって二次災害が生じた場合には、当該拒否をした区分所有者の責任も問われうることになります。

4　立入りを拒否している区分所有者に対しては、以上の内容を説明し、立入りの承諾を引き続きお願いすることになります。それでも拒否する場合は、冒頭、説明したとおり、立入りを認める旨の仮処分手続きなどを検討すべきです。

Q-12

自然災害によってエレベーター等の共用設備に支障をきたしているとして、一部の区分所有者が管理費等の支払いを一部拒否しています。このような主張は認められるのでしょうか。

A

　管理費等の額は、規約に基づき総会決議などで具体的に定められます。エレベーター等の共用設備等に支障をきたしたとしても、自然災害に伴う取扱いをどのようにするかは、管理組合全体として総会決議等で決定されるべき問題です。したがって、各区分所有者の個人的判断のもとで支払いを拒否することは認められません。また、管理組合としては、その者に対し、管理費等の全額を支払うよう請求することになります。

（解説）
1　マンションの管理を行うために必要な経費を管理費といいます。区分所有法7条1項では、

> ①　共用部分、建物の敷地若しくは共用部分以外の建物の附属施設につき他の区分所有者に対して有する債権
> ②　規約若しくは集会の決議に基づき他の区分所有者に対して有する債権

について、先取特権を定め、同法8条で特定承継人※も債務者とするなど、一定の保護を図っているところです。

2　この管理費は、通常は規約の定めにより、また規約に基づく総会決議などで具体的に定められます。区分所有者は、規約や総会決議の遵守義務を負っていますので、管理費等の定めについても同様に規約や総会決議の内容を遵守すべき義務を負っていることになります。総会で管理費等の減額や一部免除などの決議がない限り、区分所有者はあらかじめ定められた管理費等の支払い義務を負うのであり、正当な理由なく、個人

的な主張に基づき支払いを拒否することはできません。管理組合としては、管理費の一部不払いとして、その残額の支払いを求めていくことになります。
3 　そして、そもそも管理費は、共用部分や設備の維持保全に要する費用として各区分所有者が負担するものであり、共用設備の使用料ではありません。管理費は、共用設備等にトラブルが生じた際の補修等のために使われることが予定されていますので、共用設備が使用できないから直ちに管理費を支払わないとする正当な理由も存在しないと考えられます。

　　※　特定承継人とは、売買や競売等で区分所有権を取得した者をいいます。
　　　　ちなみに、それに対して、相続によって区分所有権を取得した者のことを"包括承継人"という言い方をします。

Q-13

自然災害により不幸にも区分所有者が亡くなった場合、その区分所有権はどうなりますか。区分所有者に管理費等の滞納があった場合は、どのように取り扱われますか。

A

　区分所有権は相続されますので、相続財産として相続人に引き継がれます。相続人が複数いる場合には、遺産分割協議が整い1人の相続人の所有と決定されればその者が相続開始時から区分所有者として扱われますが、それまでの間は、数人の相続人の共有関係になります。

　滞納管理費債務も相続放棄がない限り相続人に引き継がれますが、相続人が複数いる場合には、それぞれの相続人の相続分に応じた分割債務となり、各相続人に対し、それぞれの相続分の範囲で請求できるということになります。

（解説）

1　区分所有者が死亡した場合、その者に相続人がいれば、その相続人に包括的に権利義務のすべてが承継されます。したがって、相続人が1人の場合には、その者が新たな区分所有者となりますので、管理組合に対し組合員としての届け出をしてもらい、管理規約の写しの交付や今後の管理費等の支払い等のお知らせなどをすることになります。また、滞納管理費も相続の対象となりますので、その相続人に請求することができます。

　ただし、相続人が相続を放棄すれば、その者は区分所有権を取得しない一方で滞納管理費の負担もしません。区分所有権と滞納管理費債務は次の相続人となる資格を有する者が相続することになります。しかし、誰が次の相続人なのかについては、被相続人の戸籍の確認などが必要となるため、相続放棄をする場合には、次の相続人となるべき者に確認しておく必要があります。相続人がいなければ、民法では国庫に帰属する

とされています（民法951条〜959条）が、通常は相続財産管理人が選任され、その財産管理の過程で第三者への売却等により処分されることになります（滞納管理費も、その第三者が特定承継人として債務を負うことになります）。

2　ところで、相続人が複数いる場合には、区分所有権は複数の相続人の共有関係になります。その後、遺産分割協議などにより1人の相続人に区分所有権を帰属することが決まれば、その効果は相続時にさかのぼり、最初からその1人の者が区分所有権を相続（包括承継）したことになり、あとは1で述べたとおりの展開になります。しかし、遺産分割協議が長引いたり、協議すら行われないという場合も稀ではなく、その場合には、共有関係のまま継続していくことになります。この場合には、区分所有権が夫婦の共有名義である場合などと同様に、総会における議決権行使者の指定等もしてもらう必要があります。

　管理費については、相続が発生して以降の分については、不可分債権[※]として、各区分所有者に対し、管理費の全額の支払いを求めることができます。その一方で、被相続人が滞納していた管理費債務については、各相続人がそれぞれ相続持分の割合で承継することになります。相続の発生の前と後とで、管理費の取扱いが異なる点には注意が必要です。

　　※　多数当事者間の債権・債務関係は、「分割債権・分割債務」になるのが原則ですが、債権の目的が、区分所有建物の管理費や専有部分の引渡しなど、その性質上不可分または当事者の意思表示によって不可分の場合には各債権者または各債務者は、すべての債権者または債務者のために、履行の請求ができるとされています。

Q-14

自然災害によって駐車場としていた敷地部分や施設に損傷が生じ、駐車場としての使用が将来的にもできなくなった場合、その駐車場使用契約や駐車場使用料はどのようになりますか。

A

駐車場としての効用が消滅し、または、賃貸借の目的物が滅失したとして、駐車場使用契約は当然に終了することになります。

（解説）

1　マンション敷地内の区分所有者用の駐車場の使用権は、専用使用権であると解されます。専用使用権とは、共用部分（全区分所有者の共有に属する部分）の一部について、特定の区分所有者が、排他的に使用できるとする権利をいいます。

専用使用権の設定の仕方としては、つぎの２つがあります。

① 管理組合と一部の区分所有者との間の賃貸借契約
② 管理規約の規定に基づく共用部分の利用方法の定め

2　質問のように、専用使用権の対象が将来にわたって消滅した場合はどうなるのでしょうか。

まず、①の場合には、賃貸借の目的が消滅したことによって、当然にその契約関係は消滅します。したがって、使用料も発生しません。

つぎに、②の場合には、管理規約等で当該スペースの専用使用権が設定されている以上、規約変更がなされない限り、専用使用権は残ることになりそうです。しかし、この場合も、「駐車場」専用使用権の客体がなくなったわけですから、権利の客体が消滅したことによって、専用使用権も消滅し、当該規約の規定は、規約変更がなされなくても実際上当該規定の効力は停止し、使用料も発生しないことになります。

3　なお、専用使用権者には、敷地内のほかの部分などに新たに優先的に

駐車場使用権を設定してもらえるかという問題もありますが、これは消極的に解すべきでしょう。あくまでも専用使用権は、特定の客体につき管理組合と区分所有者との間での権利設定の取決めがなされるのであり、特段の事情がない限り、特定の客体を離れて、一般的に、他の区分所有者に優先して権利を取得しうる資格を有しているということはできないと考えられます。

Q-15

　自然災害により、一部建物等が損傷しました。当面は問題がないので、計画修繕時にあわせて修繕するとともに、計画修繕ではより一層防災機能を高めるような修繕工事を行おうとの要請が高まっています。そうなると今ある修繕計画を見直す必要がありますが、その際にはどのような手続きが必要ですか。また、あわせて修繕積立金を値上げする場合はどうですか。

A

　管理会社の協力を得て、建物の現況を調査し、そのうえで新たな修繕計画案を提出してもらいます。それを受けて、管理組合は、管理規約の規定に従い内部手続きを進めます（標準管理規約では、理事会が案を決議して総会に提出し、総会決議で決定するとされています）。また、修繕積立金の値上げについては、見直し後の修繕計画に則し、費用の算出根拠などを整理してその必要性と合理性を十分に示して総会決議を得ることが大切です。

（解説）
1　自然災害による建物等の損傷には、即時に修繕が必要な場合と、当面は問題がないため、将来予定される計画修繕時にあわせて対応するという場合があると考えられます。また、自然災害を機に、今後さらに防災機能の向上を図るための新たな補修工事等を計画修繕として予定する場合があります。このうち、計画修繕時で対応すべきものについては、もともと大規模修繕計画があった管理組合の場合、その内容を一部変更することが必要となります。
2　この場合の管理組合内での手続きは、それぞれの管理組合における管理規約の定めに従います。ちなみに国土交通省が作成・公表しているマンション標準管理規約では、「長期修繕計画の作成または変更に関する案」を理事会決議事項とし（標準管理規約54条）、「長期修繕計画の作成

または変更」を総会の普通決議事項としています（同48条・47条2項）。ただし、長期修繕計画の見直しに当たってある程度の期間継続して議論をする必要がある場合には、理事会の諮問機関として専門委員会を設け、そこで議論をするという段取りを加えることも考えられます。

3　また、長期修繕計画の変更は、建物や設備の現況把握、今後いかなる工事が必要かなどの専門知識が要求されるため、多くの場合には、管理会社に調査・点検等の実施や、修繕計画の変更の原案の作成を依頼することになると考えられます。ただしこの場合、国土交通省が作成・公表しているマンション標準管理委託契約書では、長期修繕計画案の作成業務や劣化診断業務、当該診断に基づく計画の見直し業務は、通常の管理委託契約とは別の契約により（したがって別に報酬の取り決めをして）行うこととされていることに注意しましょう。

4　なお、修繕計画の見直しによって修繕積立金の値上げが必要になる場合には、総会決議で決定します。標準管理規約では、修繕積立金の額は総会での普通決議事項とされていますが、各区分所有者の直接の負担に係る事項なので、後日のトラブルにならないよう、見直し後の修繕計画に則し、費用の算出根拠などを整理して、その必要性および合理性について十分に説明をして、総会決議をすることが大切です。

Q-16

管理組合は、防災対策をどのように取り組むことが望ましいでしょうか。

A

マンションにおいては、区分所有者等マンション居住者間において防災への取組みをしていくことが極めて重要であり、管理組合も区分所有者で構成される組織として、相応の対応を積極的に行うことが、ますます求められてくると考えられます。

（解説）

1　区分所有者等は、マンション内において言わばひとつの地域社会を形成しています。そして、マンションにおいては、地震による家具の転倒、ライフライン停止等に対する一層の備えが、戸建て以上に求められます。したがって、まずは区分所有者等マンション居住者間において防災への取組みをしていくことが極めて重要であり、管理組合も区分所有者で構成される組織として、相応の対応をしていかなければなりません。

2　マンション標準管理規約では、「防災に関する業務」を管理組合の業務のひとつとして明記し（標準管理規約32条13号）、マンション管理標準指針では、「防災対策」に関するコメントにおいて「火災や震災などの災害から住民の生命、身体、財産を守ることも管理組合の重要な役割の一つ」であると明記しています。

　　そして、マンション管理標準指針では、「標準的な対応」として、防火管理者の選任、消防計画の作成および周知、消防用設備等の点検、災害時の避難場所の周知、災害時対応マニュアル等の作成・配布、ハザードマップ等防災・災害対策に関する情報の収集・周知、年1回程度定期的な防災訓練の実施を、「望ましい対応」として、災害時に必要となる道具・備品・非常食類の備蓄、高齢者が入居する住戸を記した防災用名

簿の作成、災害発生時における居住者の安否確認体制の整備、災害発生時における被害状況・復旧見通しに関する情報の収集・提供体制の整備をあげています。

3 以上を踏まえ、具体的に管理組合が取り組むべき防災活動としては、日ごろからの建物などの調査・点検等、区分所有者・居住者相互間の親睦の醸成などのコミュニティ形成活動、防災訓練の実施や防災用具の準備等に積極的に取り組むことが、まずはあげられるでしょう。

　そして、災害が発生した時や災害直後の対応として、居住者の安否確認や、無用な現場の混乱を回避するために、被害状況・復旧見通しに関する情報の収集・提供など、建物等の被害状況の調査と応急的な対応、地域との連携による早期の安全確保などに努めることが期待されます。

4 なお、このような考え方に対しては、強制加入団体である管理組合においては、その権限や業務はより制限的に考えるべきだとして否定する見解もあります。

　しかし、マンションは、区分所有者や居住者等が生活をし、利用等をするために存している建物等です。したがって、マンションを管理するということには、建物等の価値を維持保全するという目的とともに、そこで区分所有者が営んでいる生活や利用の安全性を確保するという目的も含まれていると理解することができます。

　また、区分所有者や居住者は、マンション内において、好むと好まざるとに関わらず、一種の地域社会を形成します。管理組合は、区分所有者間の権利利益の調整の場でもあることから、その地域社会が円滑に形成され、良好に機能することが、管理組合の当該役割に有意義な結果をもたらします。したがって、区分所有者等の間で良好なコミュニティを形成し、その維持実現を図ることも、管理の前提となっているのであって、防災活動における人的対応、区分所有者間の互助的活動も、管理または使用に関する区分所有者相互の事項と位置づけることは可能ではないでしょうか。

　したがって、管理標準指針に掲げる望ましい対応は以上の観点から当然に、また、コミュニティ形成活動的なものについては、防災意識の醸

成等に資するものとして、標準的対応・望ましい対応の前提となることを基本としつつ、それぞれの管理組合の意思決定のもとで、管理組合の業務として認められると整理できるものと考えます。

(参考)
●マンション管理標準指針（該当部分抜粋）

標準的な対応	以下の防災対策を実施している。 ① 防火管理者の選任 ② 消防計画の作成及び周知 ③ 消防用設備等の点検 ④ 災害時の避難場所の周知 ⑤ 災害対応マニュアル等の作成・配布 ⑥ ハザードマップ等防災・災害対策に関する情報の収集・周知 ⑦ 年1回程度定期的な防災訓練の実施
望ましい対応	以下の防災対策を実施している。 ① 災害時に必要となる道具・備品・非常食類の備蓄 ② 高齢者等が入居する住戸を記した防災用名簿の作成 ③ 災害発生時における居住者の安否確認体制の整備 ④ 災害発生時における被害状況・復旧見通しに関する情報の収集・提供体制の整備

〔コメント〕

◆火災や震災などの災害から住民の生命、身体、財産を守ることもマンション管理組合の重要な役割の一つです。そのため、標準管理規約でも「防災に関する業務」を管理組合の業務の一つとして明記しています。

◆防災に関する業務としては、まず、消防法に定められた事項を確実に実施することが第一歩となります。具体的には、防火管理者の選任と消防計画の作成、消火・通報・避難の訓練、消防用設備等の点検を実施することが必要です。

◆このうち、消防計画については、住民全員に確実に周知すること

も不可欠です。また、避難等の訓練頻度については、法令上の定めはありませんが、年1回を目安に定期的に行うことが必要と考えられます。(なお、飲食店等が入っている複合用途防火対象のマンションの場合には、年2回以上の実施が義務付けられています。標準管理規約の複合用途型の定義とは異なります。)

◆さらに、災害時の避難場所や災害発生時の避難等の対応の手順や実施体制を明らかにし、確実に周知することも生命・身体・財産を守るためには欠かせません。発災時の対応については、消防計画で明らかにされている場合もあると思われますが、そうでない場合は別途作成し配布する必要があります。

◆火災や震災等以外に、水害に関する事項等は、消防法に定められていません。別途対応が必要となります。

◆また、災害発生時に安全に避難できるよう、想定される被害状況や避難所の位置・経路等を記載したハザードマップを行政が作成・配布している場合があります。こうしたものも含めて行政等が提供している「防災・災害対策に関する情報」を積極的に入手し、住民に周知することも重要です。

◆なお、消防法上の義務づけの対象は、居住者数50人以上のマンションとなっていますが、これに達しない規模のマンションでも同様の対策を講じておくべきです。

◆従って、「①防火管理者の選任」、「②消防計画の作成及び周知」、「③消防用設備等の点検」、「④災害時の避難場所の周知」、「⑤災害対応マニュアル等の作成・配布」、「⑥ハザードマップ等防災・災害対策に関する情報の収集・周知」、「⑦年1回程度定期的な防災訓練の実施」の全てを満たしていることを「標準的な対応」としています。

◆以上は、防災対策として必要最小限のものですが、さらに次のような対策を講じることが望ましいと考えられます。

◆一つは、「災害時に必要となる道具・備品・非常食類の備蓄」をすることです。具体的に備蓄すべきものとしては、食料・水・テントなど避難生活に要するものや、住戸内に閉じこめられた人の救出

に用いる工具類や安否確認のためのハンドマイク、医薬品など災害対応に要する道具等が想定されます。この備蓄を集会所やロッカー等に施錠して管理する場合には、災害時に解錠できる体制を確保することは言うまでもありません。

◆また、災害弱者については優先的に救助等にあたる必要がありますので、「高齢者等が入居する住戸を記した防災用名簿の作成」を行い、各地方公共団体と協議のうえ提出しておくことも有効です。このような名簿は、個人情報保護法や個人情報保護条例との関係に十分留意し、本人の同意を得る等により作成するとともに、目的外には使用してはならず、適切な管理が必要です。

　なお、防災用名簿とハザードマップ等を組み合わせて使用することも有効な対策の一つとして考えられます。

◆災害発生時のライフラインの停止等の場合に、「居住者の安否を確認できる体制の整備」も過去の災害の教訓を踏まえると必要となるでしょう。

◆さらに、災害発生時には被害状況や復旧見通しに関する情報が入手できず、不安な状況が続いたり、生活に支障が生じることもあります。このような場合には、情報が円滑に行き渡らなくなることが少なくありませんが、こうした事態を避けるためにはあらかじめ「災害発生時における被害状況・復旧見通しに関する情報の収集・提供体制の整備」が望ましいと言えます。

　なお、大規模な災害はもとより、中規模な震災でもエレベーターが停止し、その状況や復旧見通しがわからないため問題となった事例もあります。エレベーターがマンション生活に不可欠となる高層マンションなどでは特にこうした事態も想定した情報の収集・提供体制の整備の必要性が高いと考えられます。

◆これらの防災対策は、法定されたものを含み、重要で責任のある業務の場合も少なくないので、専任の防災担当理事を選任するなどの工夫も必要でしょう。

◆近隣自治会等の地域ぐるみで防災対策に取り組んでいる場合には、それに参加や連携することも有効な手段です。

Q-17

自然災害時の対応について、何か参考になるものはありますか。また、災害対応マニュアルなどを作成する際にはどのような点に注意する必要がありますか。

A

　自然災害時に管理組合などが行うべき事項をまとめたマニュアルのようなものは、残念ながら現在のところ、公の機関からは作成・公表されていません。実際にあった自然災害時に生じた問題点などについて、情報を共有化し、管理会社や関係者と協力して作成していくことが望まれます。

（解説）
1　近年のように大規模な自然災害が発生した場合、とりわけマンションのような多数の人が居住する建物においては、火災や漏水に対する緊急対応、住民の安否確認、ライフラインの停止等の際に必要とされる災害用備品の備蓄と供与などを適切に行うことが、災害直後の混乱を防止し、その後の対応を円滑に進めていくためには重要です。
2　したがって、いざというときの対応をあらかじめマニュアルなどにまとめておき、それに従って対応できるようにしておくことは大変有益なことと思われます。
　国土交通省が作成・公表しているマンション管理標準指針でも、管理組合における「標準的な対応」として、「災害対応マニュアル等の作成・配布」を掲げ、「望ましい対応」として、「災害時に必要となる道具・備品・非常食類の備蓄」、「高齢者が入居する住戸を記した防災用名簿の作成」、「災害発生時における居住者の安否確認体制の整備」、「災害発生時における被害状況・復旧見通しに関する情報の収集・提供体制の整備」があげられています。
　しかし、実際にどのような点が問題となるのか、どのような対応が求められるのかなどについては、現実にそのような災害を経験していない

場合にはなかなか把握することが困難なため、何か参考となるものが求められるところです。
　しかしながら、現在のところ、管理組合における自然災害時の対応のためのマニュアルなどについて、公の機関で作成されているものはないようです。ただ、管理会社の立場から、社員に対し、管理を受託しているマンションで自然災害に見舞われた場合の対応などをまとめたものを作成しているところもありますので、管理会社と協力して、管理組合側でなすべき事項を整理したマニュアルを作成することなどが考えられます。

3　なお、大規模な自然災害の場合には、そもそも管理会社側がすぐに動けなかったりするなど、従前のマニュアル上からは想定外の事態が生じるケースもあります。
　今般の東日本大震災のときには、筆者のところにも、マニュアル等で理事長が統括的立場で対応するはずのところ、理事長や副理事長自身がその時マンションを不在にしていたため混乱が生じてしまったという事例や、設備の一部が損壊して漏水等が発生し、マニュアルでは管理会社が応急措置をとることになっていたところ、交通機関のマヒ等により至急の対応ができなかった事例などが報告されています。
　したがって、すでにマニュアル等がある場合でも、これからマニュアル等を作成する場合でも、今後は、大規模な自然災害時に実際に生じた問題点などを整理し、管理組合側の体制整備と自主的対応、管理会社との役割分担などを、いくつかのケースに分けて検討しておき、「想定外」ということがないようにすることが必要でしょう。

Q-18

自然災害に備え、非常用の水や食料などを備蓄することを検討していますが、備蓄の際に注意すべき点としてどのようなことがありますか。

A

　災害発生時に必要となる道具類や非常食類などについては、一定の保管場所に必要十分なものを保管し、災害時にすぐに供与できるような体制をあらかじめ決めておくことが大切です。また、食品等消費期限のあるものについては、適宜買い替え等が必要となりますので、備蓄品の管理台帳などを作成したり、定期的な確認を行うことなどにより、常に必要十分な種類や量が確保されているようにしておくことも必要です。

（解説）
1　大規模な自然災害などが発生した場合には、管理会社や公的機関による緊急時の対応が困難となったり、その後のライフラインの停止等や生活必需品などの不足などが問題になることがしばしばあります。
　したがって、そのような場合に備え、災害発生時に必要とされる備品等を管理組合において備蓄しておくことは、災害対応として大変有益です。
　国土交通省が作成・公表しているマンション管理標準指針でも、管理組合が行うべき「望ましい対応」として、「災害時に必要となる道具・備品・非常食類の備蓄」があげられています。
2　この管理標準指針では、具体的に備蓄すべきものとして、食料・水・テントなど避難生活に要するものや、住戸内に閉じ込められた人の救出に用いる工具類や安否確認のためのハンドマイク、医薬品など災害対応に要する道具等が想定されています。
　これらの中には、消費期限があるものや、定期的に手入れをしないと機能が損なわれるものもありますので、定期的な買い替えや点検をし、不要なものの処分等をしておくことが必要です。たとえば災害時用備蓄

品の管理台帳などを作成して備品等の種類や量、購入時期等を整理しておいたり、定期的に点検確認して、絶えず必要かつ十分な備蓄がなされているようにしておくことが大切でしょう。

3 また、これらは、倉庫や集会室、共用ロッカー等に施錠して管理することが想定されます。この場合は災害時に解錠できる体制を確保することはもちろん、大規模な自然災害の場合には、管理会社が直ちに対応できない場合もありますので、管理組合側でも対応できる体制を整えることなどにも配慮しておくことが大切です。

Q-19

通常のケースでは管理会社などが対応するとされる問題についても、大規模自然災害の場合には直ちに管理会社や公的機関が対応できないことがあるようです。管理組合としては、そのような場合に備え、どのような体制を作っておくべきでしょうか。

A

管理会社まかせにするのではなく、管理組合側でも自主的な対応ができるように、あらかじめ管理会社との役割分担や通常の対応ができない場合の二次的な対応方法などについて、管理会社と協議のうえ定めておくことが大切でしょう。

（解説）
1　先般の東日本大震災では、震災の直後、交通機関のマヒや、電話がつながらないなどの事情が重なって、あらかじめマニュアル等で管理会社が対応するとされていたものについて、至急の対応が困難となったケースがあったようです。

　また、大規模自然災害に伴う大規模かつ広範囲での火災などが生じた場合、消防活動などについてもある程度までは自主的に緊急対応をすべき事態も想定されます。

2　したがって、大規模自然災害に対しては、管理組合における自主的な防災対策も重要となります。

　まずは、あらかじめ管理会社との役割分担を整え、管理組合側として何をすべきかを整理しておくことが必要です。また、このような「通常の対応」ができない場合の二次的な対応として、管理組合がどのように対応すべきかなどについても整理し、災害時のマニュアルの内容としておくことが大切でしょう。管理会社には、防災に係るノウハウが豊富なところも多いので、管理会社からの提案などを積極的に活用し、また、近時の大規模自然災害の経験や情報などをもとに、定めておくことが大

切です。

　とりわけ非常用備品等の保管場所の開錠や、非常用設備の利用方法などについては、管理組合側も情報を共有し、緊急時の対応に備えることが大切だといえます。

3　また、消防法で作成が求められている消防計画には、自衛消防の組織に関することや、火災、地震その他の災害が発生した場合における消火活動、通報連絡および避難誘導に関することなどが規定されることになっています。

　消防計画をあらためて確認し、日ごろから、当該計画に基づき、万が一の場合に備え対応できるようにしておきましょう。

消防法3条（防火管理に係る消防計画）

　防火管理者は、令第4条第3項の規定により、防火対象物の位置、構造及び設備の状況並びにその使用状況に応じ、次の各号に掲げる区分に従い、おおむね次の各号に掲げる事項について、当該防火対象物の管理について権原を有する者の指示を受けて防火管理に係る消防計画を作成し、別記様式第一号の二の届出書によりその旨を所轄消防長（消防本部を置かない市町村においては、市町村長。以下同じ。）又は消防署長に届け出なければならない。防火管理に係る消防計画を変更するときも、同様とする。

　一　令第1条の2第3項第一号に掲げる防火対象物及び同項第二号に掲げる防火対象物（仮使用の承認を受けたもの又はその部分に限る。）

　　イ　自衛消防の組織に関すること。
　　ロ　防火対象物についての火災予防上の自主検査に関すること。
　　ハ　消防用設備等又は法第17条第3項に規定する特殊消防用設備等（以下「特殊消防用設備等」という。）の点検及び整備に関すること。
　　ニ　避難通路、避難口、安全区画、防煙区画その他の避難施設の維持管理及びその案内に関すること。
　　ホ　防火壁、内装その他の防火上の構造の維持管理に関すること。
　　ヘ　定員の遵守その他収容人員の適正化に関すること。
　　ト　防火管理上必要な教育に関すること。
　　チ　消火、通報及び避難の訓練その他防火管理上必要な訓練の実施に関すること。

リ　火災、地震その他の災害が発生した場合における消火活動、通報連絡及び避難誘導に関すること。
ヌ　防火管理についての消防機関との連絡に関すること。
ル　増築、改築、移転、修繕又は模様替えの工事中の防火対象物における防火管理者又はその補助者の立会いその他火気の使用又は取扱いの監督に関すること。
ヲ　イからルまでに掲げるもののほか、防火対象物における防火管理に関し必要な事項

Q-20

自然災害への対応として日ごろからマンション内でのコミュニティ形成が重要であるといわれることがありますが、**管理組合の費用でもって行うコミュニティ形成活動にはどのようなものがあるのでしょうか。**

A

　管理組合が行うコミュニティ形成活動として管理費からの支出が認められるのは、マンション標準管理規約では、催事の開催費用等居住者間のコミュニティ形成や、管理組合役員が地域の町内会に出席する際に支出する経費等の地域コミュニティにも配慮した管理組合活動であるとされています。

（解説）
1　マンションは、区分所有者や居住者の集まりとして、ひとつのコミュニティを形成しています。また、マンションの管理組合や入居者は、マンション周辺の他の住民とともに地域コミュニティを形成しているところです。

　自然災害などが発生した場合、その規模が大きければ大きいほど、公的機関や第三者の力によるのではなく、避難や安否確認、非常時の対応や災害情報の共有などにおいて、居住者同士や地域の住民とともに自主的に対応する必要にせまられることがあります。その際に、日ごろから居住者間のコミュニティが形成されていたり、地域と一体となったコミュニティが形成されていれば、これらの対応はよりスムーズに行われるものと考えられます。したがって、このようなコミュニティ形成のための活動は、管理組合の重要な活動として位置づけられます（標準管理規約32条）。

2　国土交通省が作成・公表しているマンション標準管理規約では、「コミュニティ形成は、日常的なトラブルの未然防止や大規模修繕工事等の円滑な実施などに資するものであり、マンションの適正な管理を主体的

に実施する管理組合として必要な業務である。」としています（標準管理規約27条関係コメント②）。

　また、国土交通省が作成・公表しているマンション管理標準指針でも、「催事等のコミュニティ形成活動の年間計画を作成し、これに基づき実施している」ことを管理組合の「標準的対応」としています。

3　ところで、任意加入の組織である町内会・自治会との相違を念頭に、強制加入団体である管理組合がその費用でもって行えるコミュニティ形成活動について、標準管理規約では、「管理費からの支出が認められるのは、管理組合が居住者間のコミュニティ形成のために実施する催事の開催費用等居住者間のコミュニティ形成や、管理組合役員が地域の町内会に出席する際に支出する経費等の地域コミュニティにも配慮した管理組合活動である。」としているところです。

4　ただし、大規模マンションの場合によくあるように、マンションの入居者のみでひとつの町内会・自治会を構成する場合には、管理組合が行うコミュニティ形成活動と、自治会等が行う親睦活動とが重複することが想定されます。この場合の管理組合の活動と自治会の活動の関係については様々な議論があり、裁判例でも明確に判断したものはありません。

　ただ、いずれにしても、自然災害時の対応などを想定した場合、居住者間や地域と一体となったコミュニティの形成が重要であることは疑いようがないものと思われます。管理組合や自治会が連携を保ちながら、日ごろから良好なコミュニティを形成する努力が求められます。

参考資料

○ 罹災都市借地借家臨時処理法
○ 被災区分所有建物の再建等に関する特別措置法

○罹災都市借地借家臨時処理法

（昭和21年8月27日法律第13号）
最終改正：平成16年12月1日法律第147号

第1条 この法律において、罹災建物とは、空襲その他今次の戦争に因る災害のため滅失した建物をいひ、疎開建物とは、今次の戦争に際し防空上の必要により除却された建物をいひ、借地権とは、建物の所有を目的とする地上権及び賃借権をいひ、借地とは、借地権の設定された土地をいひ、借家とは、賃借された建物をいふ。

第2条 罹災建物が滅失した当時におけるその建物の借主は、その建物の敷地又はその換地に借地権の存しない場合には、その土地の所有者に対し、この法律施行の日から2箇年以内に建物所有の目的で賃借の申出をすることによつて、他の者に優先して、相当な借地条件で、その土地を賃借することができる。但し、その土地を、権原により現に建物所有の目的で使用する者があるとき、又は他の法令により、その土地に建物を築造するについて許可を必要とする場合に、その許可がないときは、その申出をすることができない。

2　土地所有者は、前項の申出を受けた日から3週間以内に、拒絶の意思を表示しないときは、その期間満了の時、その申出を承諾したものとみなす。

3　土地所有者は、建物所有の目的で自ら使用することを必要とする場合その他正当な事由があるのでなければ、第1項の申出を拒絶することができない。

4　第三者に対抗することのできない借地権及び臨時設備その他一時使用のために設定されたことの明かな借地権は、第1項の規定の適用については、これを借地権でないものとみなす。

第3条 前条第1項の借主は、罹災建物の敷地又はその換地に借地権の存

する場合には、その借地権者（借地権者が更に借地権を設定した場合には、その借地権の設定を受けた者）に対し、同項の期間内にその者の有する借地権の譲渡の申出をすることによつて、他の者に優先して、相当な対価で、その借地権の譲渡を受けることができる。この場合には、前条第1項但書及び第2項乃至第4項の規定を準用する。

第4条　前条の規定により賃借権が譲渡された場合には、その譲渡について、賃貸人の承諾があつたものとみなす。この場合には、譲受人は、譲渡を受けたことを、直ちに賃貸人に通知しなければならない。

第5条　第2条の規定により設定された賃借権の存続期間は、借地借家法（平成3年法律第90号）第3条の規定にかかわらず、10年とする。ただし、建物が、この期間満了前に朽廃したときは、賃借権は、これによつて消滅する。
2　当事者は、前項の規定にかかはらず、その合意により、別段の定をすることができる。但し、存続期間を10年未満とする借地条件は、これを定めないものとみなす。

第6条　第2条の規定による賃借権の設定又は第3条の規定による借地権の譲渡があつた場合において、その土地を、権原により現に耕作の目的で使用する者（第29条第1項本文又は第3項の規定により使用する者を除く。）があるときは、その者は、賃借権の設定又は借地権の譲渡があつた後（その賃借権の設定又は借地権の譲渡について、裁判があつたときは、その裁判が確定した後、調停があつたときは、その調停が成立した後）、6箇月間に限り、その土地の使用を続けることができる。但し、裁判所は、申立により、その期間を短縮し、又は伸長することができる。
2　第2条の規定により設定された賃借権又は第3条の規定により譲渡された借地権の存続期間は、前項又は第29条第1項本文若しくは第3項の規定による土地の使用の続く間、その進行を停止する。この場合には、

その停止期間中、借地権者は、その権利を行使することができず、又、地代又は借賃の支払義務は、発生しない。
3　第1項の規定により土地を使用する者が、自ら、第2条の規定による賃借権の設定又は第3条の規定による借地権の譲渡を受けた場合には、前2項の規定を適用しない。

第7条　第2条第1項の借主が、同条の規定による賃借権の設定又は第3条の規定による借地権の譲渡を受けた後（その賃借権の設定又は借地権の譲渡について、裁判があつたときは、その裁判が確定した後、調停があつたときは、その調停が成立した後）、1箇年を経過しても、正当な事由がなくて、建物所有の目的でその土地の使用を始めなかつたときは、土地所有者又は借地権の譲渡人は、その賃借権の設定契約又は借地権の譲渡契約を解除することができる。但し、その解除前にその使用を始めたときは、この限りでない。
2　第2条第1項の借主が、建物所有の目的でその土地の使用を始めた後、建物の完成前に、その使用を止めた場合にも、前項と同様である。
3　前条第1項又は第29条第1項本文若しくは第3項の規定により土地を使用する者がある場合には、第1項の1箇年は、その使用の終つた時から、これを起算する。

第8条　第2条の規定による賃借権の設定又は第3条の規定による借地権の譲渡があつたときは、賃貸人又は借地権の譲渡人は、借賃の全額又は借地権の譲渡の対価について、借地権者がその土地に所有する建物の上に、先取特権を有する。
2　前項の先取特権は、借賃については、その額及び、若し存続期間若しくは借賃の支払時期の定があるときはその旨、又は若し弁済期の来た借賃があるときはその旨、譲渡の対価については、その対価の弁済されない旨を登記することによつて、その効力を保存する。
3　第1項の先取特権は、他の権利に対し、優先の効力を有する。但し、共益費用不動産保存不動産工事の先取特権並びに前項の登記前に登記し

た質権及び抵当権に後れる。

第9条　疎開建物が除却された当時におけるその敷地の借地権者、その当時借地権以外の権利に基いてその敷地にその建物を所有してゐた者及びその当時におけるその建物の借主については、前7条の規定を準用する。但し、公共団体が、疎開建物の敷地又はその換地を所有し、又は賃借してゐる場合は、この限りでない。

第10条　罹災建物が滅失し、又は疎開建物が除却された当時から、引き続き、その建物の敷地又はその換地に借地権を有する者は、その借地権の登記及びその土地にある建物の登記がなくても、これを以て、昭和21年7月1日から5箇年以内に、その土地について権利を取得した第三者に、対抗することができる。

第11条　この法律施行の際現に罹災建物又は疎開建物の敷地にある借地権（臨時設備その他一時使用のために設定されたことの明かな借地権を除く。）の残存期間が、10年未満のときは、これを10年とする。この場合には、第5条第1項但書及び第2項の規定を準用する。

第12条　土地所有者は、この法律施行の日から2箇年以内に、第10条に規定する借地権者（罹災建物が滅失し、又は疎開建物が除却された後、更に借地権を設定してゐる者を除く。）に対し、1箇月以上の期間を定めて、その期間内に、借地権を存続させる意思があるかないかを申し出るやうに、催告することができる。若し、借地権者が、その期間内に、借地権を存続させる意思があることを申し出ないときは、その期間満了の時、借地権は、消滅する。但し、借地権者が更に借地権を設定してゐる場合には、各々の借地権は、すべての借地権者が、その申出をしないときに限り、消滅する。

2　前項の催告は、土地所有者が、借地権者を知ることができず、又はその所在を知ることができないときは、公示の方法で、これをすることが

できる。
3　前項の公示は、公示送達に関する民事訴訟法の規定に従ひ、裁判所の掲示場に掲示し、且つ、その掲示のあつたことを、新聞紙に２回掲載して、これを行ふ。
4　公示に関する手続は、借地の所在地の地方裁判所の管轄に属する。
5　第２項の場合には、民法（明治29年法律第89号）第98条第３項及び第５項の規定を準用する。

第13条　借地権者が更に借地権を設定してゐる場合に、その借地権を設定してゐる者については、前条の規定を準用する。

第14条　罹災建物が滅失し、又は疎開建物が除却された当時におけるその建物の借主は、その建物の敷地又はその換地に、その建物が滅失し、又は除却された後、その借主以外の者により、最初に築造された建物について、その完成前賃借の申出をすることによつて、他の者に優先して、相当な借家条件で、その建物を賃借することができる。但し、その借主が、罹災建物が滅失し、又は疎開建物が除却された後、その借主以外の者により、その敷地に建物が築造された場合におけるその建物の最後の借主でないときは、その敷地の換地に築造された建物については、この申出をすることができない。
2　前項の場合には、第２条第２項及び第３項の規定を準用する。

第15条　第２条（第９条及び第32条第１項において準用する場合を含む。）若しくは前条の規定による賃借権の設定又は第３条（第９条及び第32条第１項において準用する場合を含む。）の規定による借地権の譲渡に関する法律関係について、当事者間に、争があり、又は協議が調はないときは、申立により、裁判所は、鑑定委員会の意見を聴き、従前の賃貸借の条件、土地又は建物の状況その他一切の事情を斟酌して、これを定めることができる。

第16条　第２条（第９条及び第32条第１項において準用する場合を含む。）若しくは第14条の規定による賃借の申出又は第３条（第９条及び第32条第１項において準用する場合を含む。）の規定による借地権の譲渡の申出をした者が数人ある場合に、賃借しようとする土地若しくは建物又は譲渡を受けようとする借地権の目的である土地の割当について、当事者間に協議が調はないときは、裁判所は、申立により、土地又は建物の状況、借主又は譲受人の職業その他一切の事情を斟酌して、その割当をすることができる。
2　裁判所は、当事者間の衡平を維持するため必要があると認めるときは、割当を受けない者又は著しく不利益な割当を受けた者のために、著しく利益な割当を受けた者に対し、相当な出捐を命ずることができる。

第17条　地代、借賃、敷金その他の借地借家の条件が著しく不当なときは、当事者の申立により、裁判所は、鑑定委員会の意見を聴き、借地借家関係を衡平にするために、その条件の変更を命ずることができる。この場合には、裁判所は、敷金その他の財産上の給付の返還を命じ、又はその給付を地代若しくは借賃の前払とみなし、その他相当な処分を命ずることができる。

第18条　第６条第１項但書（第９条において準用する場合を含む。）又は第15条乃至前条の規定による裁判は、借地又は借家の所在地を管轄する地方裁判所が、非訟事件手続法により、これをする。

第19条　鑑定委員会は、３人以上の委員を以て、これを組織する。
2　鑑定委員は、裁判所が、各事件について、左の者の中からこれを指定する。
　一　地方裁判所が、毎年予め、特別の知識経験のある者その他適当な者の中から選任した者
　二　当事者が、合意で選定した者

第20条　鑑定委員会の決議は、委員の過半数の意見による。

第21条　鑑定委員会の評議は、秘密とする。

第22条　鑑定委員には、旅費、日当及び止宿料を給する。その額は、最高裁判所がこれを定める。

第23条　第15条乃至第17条の規定による申立があつた場合には、民事調停法（昭和26年法律第222号）第20条の規定を準用する。この場合に、調停に付する裁判に対しては、不服を申し立てることができない。

第24条　第6条第1項但書（第9条において準用する場合を含む。）又は第15条乃至第17条の規定による裁判に対しては、即時抗告をすることができる。その期間は、これを2週間とする。
2　前項の即時抗告は、執行停止の効力を有する。

第25条　第15条乃至第17条の規定による裁判は、裁判上の和解と同一の効力を有する。

第25条の2　第2条乃至第8条、第10条乃至前条及び第35条の規定は、政令で定める火災、震災、風水害その他の災害のため滅失した建物がある場合にこれを準用する。この場合において、第2条第1項中「この法律施行の日」及び第10条中「昭和21年7月1日」を「第25条の2の政令施行の日」と第11条中「この法律施行の際」を「第25条の2の政令施行の際」と、第12条中「この法律施行の日」を「第25条の2の政令施行の日」と、読み替えるものとする。

○被災区分所有建物の再建等に関する特別措置法

(平成7年3月24日法律第43号)

最終改正:平成14年12月11日法律第140号

(目的)

第1条 この法律は、大規模な火災、震災その他の災害により滅失した区分所有建物の再建等を容易にし、もって被災地の健全な復興に資することを目的とする。

(再建の集会)

第2条 大規模な火災、震災その他の災害で政令で定めるものにより建物の区分所有等に関する法律(昭和37年法律第69号。以下「区分所有法」という。)第2条第3項に規定する専有部分が属する一棟の建物(以下「区分所有建物」という。)の全部が滅失した場合において、その建物に係る同条第6項に規定する敷地利用権が数人で有する所有権その他の権利であったときは、その権利(以下「敷地共有持分等」という。)を有する者は、次条第1項の決議をするための集会を開くことができる。

2 前項の規定による集会(以下「再建の集会」という。)における敷地共有持分等を有する者(以下「敷地共有者等」という。)の各自の議決権は、敷地共有持分等の価格の割合による。

3 再建の集会は、議決権の5分の1以上を有する敷地共有者等が招集する。

4 再建の集会における招集の手続については区分所有法第35条第1項本文、第2項及び第5項並びに第36条の規定を、議事及び議決権の行使については区分所有法第39条及び第40条の規定を、議長については区分所有法第41条の規定を、議事録の作成については区分所有法第42条第1項から第4項までの規定を、議事録並びにこの項において準用する区分所有法第45条第1項及び第2項に規定する書面又は電磁的方法による決議に係る書面並びに同条第1項及び第2項の電磁的方法が行われる場合に当該電磁的方法により作られる電磁的記録(以下「議事録等」という。)

の保管及び閲覧については区分所有法第33条第1項本文及び第2項の規定を、書面又は電磁的方法による決議については区分所有法第45条第1項から第3項まで及び第5項の規定を準用する。この場合において、区分所有法第33条第1項本文中「管理者」とあるのは「敷地共有者等で再建の集会の決議で定める者」と、区分所有法第35条第1項本文、第36条、第39条第3項、第42条第3項及び第4項並びに第45条第1項及び第2項中「区分所有者」とあるのは「敷地共有者等」と、区分所有法第35条第2項及び第40条中「専有部分が数人の共有に属するとき」とあるのは「一の専有部分を所有するための敷地利用権に係る敷地共有持分等を数人で有するとき」と、区分所有法第35条第5項中「場合において、会議の目的たる事項が第17条第1項、第31条第1項、第61条第5項、第62条第1項、第68条第1項又は第69条第7項に規定する決議事項であるときは」とあるのは「場合においては」と、区分所有法第39条第1項中「この法律又は規約に別段の定めがない限り、区分所有者及び議決権の各過半数」とあるのは「この法律に別段の定めがない限り、敷地共有者等の議決権の過半数」と、区分所有法第41条中「規約に別段の定めがある場合及び別段の決議をした場合を除いて、管理者又は集会を招集した区分所有者の一人」とあるのは「別段の決議をした場合を除いて、再建の集会を招集した敷地共有者等の一人」と、区分所有法第42条第1項中「電磁的記録」とあるのは「電磁的記録（電子的方式、磁気的方式その他人の知覚によつては認識することができない方式で作られる記録であつて、電子計算機による情報処理の用に供されるものとして法務省令で定めるものをいう。以下同じ。）」と、区分所有法第45条第1項から第3項まで中「この法律又は規約により」とあるのは「この法律により」と読み替えるものとする。

（再建の決議等）

第3条　再建の集会においては、敷地共有者等の議決権の5分の4以上の多数で、滅失した区分所有建物に係る区分所有法第2条第5項に規定する建物の敷地若しくはその一部の土地又は当該建物の敷地の全部若しく

は一部を含む土地に建物を建築する旨の決議（以下「再建の決議」という。）をすることができる。
2　再建の決議においては、次の事項を定めなければならない。
　一　新たに建築する建物（以下「再建建物」という。）の設計の概要
　二　再建建物の建築に要する費用の概算額
　三　前号に規定する費用の分担に関する事項
　四　再建建物の区分所有権の帰属に関する事項
3　前項第三号及び第四号の事項は、各敷地共有者等の衡平を害しないように定めなければならない。
4　再建の決議をした再建の集会の議事録には、その決議についての各敷地共有者等の賛否をも記載し、又は記録しなければならない。
5　再建の決議は、その区分所有建物の滅失に係る災害を定める前条第1項の政令の施行の日から起算して3年以内にしなければならない。
6　再建の決議があった場合については、区分所有法第63条第1項から第3項まで、第4項前段、第6項及び第7項並びに第64条の規定を準用する。この場合において、区分所有法第63条第1項から第3項まで及び第4項前段並びに第64条中「区分所有者」とあるのは「敷地共有者等」と、区分所有法第63条第1項、第3項及び第4項前段並びに第64条中「建替えに」とあるのは「再建に」と、区分所有法第63条第4項前段中「区分所有権及び敷地利用権」とあり、並びに区分所有法第63条第6項及び第64条中「区分所有権又は敷地利用権」とあるのは「敷地共有持分等」と、区分所有法第63条第6項及び第7項中「建物の取壊しの工事」とあるのは「建物の再建の工事」と、区分所有法第64条中「建替えを行う」とあるのは「再建を行う」と読み替えるものとする。

（敷地共有持分等に係る土地等の分割請求に関する特例）
第4条　第2条第1項の政令で定める災害により全部が滅失した区分所有建物に係る敷地共有者等は、民法（明治29年法律第89号）第256条第1項本文（同法第264条において準用する場合を含む。）の規定にかかわらず、その政令の施行の日から起算して1月を経過する日の翌日以後当該

施行の日から起算して3年を経過する日までの間は、敷地共有持分等に係る土地又はこれに関する権利について、分割の請求をすることができない。ただし、5分の1を超える議決権を有する敷地共有者等が分割の請求をする場合その他再建の決議をすることができないと認められる顕著な事由がある場合は、この限りでない。

（建物の一部が滅失した場合の復旧等に関する特例）
第5条　第2条第1項の政令で定める災害により区分所有建物の一部が滅失した場合についての区分所有法第61条第12項の規定の適用については、同項中「建物の一部が滅失した日から6月以内に」とあるのは、「その滅失に係る災害を定める被災区分所有建物の再建等に関する特別措置法（平成7年法律第43号）第2条第1項の政令の施行の日から起算して1年以内に」とする。

（過料）
第6条　次の各号のいずれかに該当する場合には、その行為をした者は、20万円以下の過料に処する。
一　議事録等を保管する者が第2条第4項において準用する区分所有法第33条第2項の規定に違反して、正当な理由がないのに、議事録等の閲覧を拒んだとき。
二　再建の集会の議長が第2条第4項において準用する区分所有法第42条第1項から第4項までの規定に違反して、議事録を作成せず、又は議事録に記載し、若しくは記録すべき事項を記載せず、若しくは記録せず、若しくは虚偽の記載若しくは記録をしたとき。

自然災害発生！
建物賃貸管理・マンション管理
緊急時の対応 Q&A

2011年7月12日　第1版第1刷発行
2012年2月10日　第1版第2刷発行

弁護士　佐　藤　貴　美／著

発行所　株式会社大成出版社

〒156－0042
東京都世田谷区羽根木1－7－11
電話　03(3321)4131(代)
FAX 03(3325)1888
http://www.taisei-shuppan.co.jp/

©2011　佐藤貴美　　　　　　　　　　印刷　信教印刷
落丁・乱丁はおとりかえいたします。
ISBN 978-4-8028-3008-9

大成出版社図書のご案内

ビルオーナーとビル管理者のための
建築関連法規ガイドブック
― オフィスビル編 ―

A5判・定価4,410円(本体4,200円)
図書コード2974・送料実費

- ■ 監　修　　NTTファシリティーズ
- ■ 著　　　　弁護士　　　　　　　　　佐藤　貴美
　　　　　　　LEC東京リーガル
　　　　　　　マインド大学教授　　　　田中　毅弘
　　　　　　　NTTファシリティーズ　　南木　政博
- ■ 編集協力　NTTファシリティーズ総合研究所

本書の特徴

☆オフィスビルを経営するオーナーや管理業者向けに、コンプライアンスの視点から、その業務や設備に関係する法律にはどのようなものがあって、何をしなくてはいけないのかを、チェックシートを使って確認！

☆2章～5章では、その詳細についてのQ&Aや紛争事例等をまじえわかりやすく紹介！

建物竣工後の「維持管理」段階で生じる法律問題の解釈のヒントや、問題を事前に摘み取るためのツールとして本書を活用してください！

株式会社 **大成出版社**

〒156-0042　東京都世田谷区羽根木1-7-11
TEL 03-3321-4131　　FAX 03-3325-1888
ホームページ　http://www.taisei-shuppan.co.jp/
※ホームページでもご注文いただけます。